王恢著

中國歷史地理通論

臺灣學生書局印行

中國歷史地理通論

目錄

二十多年來，主授「中國歷史地理」，曾講五大古都，長城、運河、水利識略、地志識略、歷代疆域與地方行政區劃等等。多年來，通觀各省區的地理環境、歷史背景，講其政治、經濟、文化的發展概要。原來只寫提要，（如第一講題綱）講述內容讓同學們筆記。後爲省寫墨板時間，連綴文字，印爲講義。今集起來，顯得詳略不一——大體內地史地多通識，較邊區爲略，本來各自爲篇，未立體例也。

中國歷史悠久，幅員廣大，勢難於一年課程，每周兩節時間講得如何詳盡。講義不過備講貫，提大要而已。精研細讀，還須同學努力。

各講附示意圖，限於一色與篇幅，只書今名，古地內文已注明；間書古地加括弧。惟新疆、蒙古，今改朱墨套印。圖例：省會◎、市⊙、縣○、重地或古地•、古蹟∴、長城⊓⊓⊓，主要鐵路作┼┼┼線。國界、省界，視而可識，各省形勢，讀者可設色而自顯明。

一九九〇年五月王恢於華岡

中國政治、經濟、文化發展之大略（代序）

中華民族最早的活動在黃河中下游。

相傳伏犧、太昊、神農、黃帝、少昊、夏、商，都居河南及山東——河淮、河海兩大平原的分水脊上。

唐、虞居山西西南——也有說在山東西南部，周在關中——也有說山西西南後遷關中：都靠近大河兩岸，漸及江、漢、淮甸。

周初兩次封建——由小東而大東，開廣了政治領域。由於諸侯兼並，奮發圖強，春秋時代，經濟、文化漸成規模。

黃河中游的晉、鄭，遜於東部齊、魯與宋的文化。

關中之秦，江漢之楚，尚自稱戎蠻。但楚卻早與諸夏抗顏行，後周而亡於秦。

長江下游的吳、越，春秋末期纔興起，到戰國卻又沒落了。

北方的燕、趙，要到戰國中期纔活躍史葉。

秦、漢、魏、晉，政治、經濟、文化重心都在黃河流域。

秦漢建都關中，爲求糧食自給，雖開鄭白渠，但大一統帝國需要量增加，仍須轉漕山東。

東漢、魏、晉都洛，無非政治遷就經濟。但洛陽地勢狹隘，創造不出強大國勢。

長江流域氣候水土俱佳，在歷史長流裏已漸開發。這時建立了蜀吳兩個政權與北方的魏鼎立。而終歸晉統一。

江南和四川在中國政治史上，總是遭遇到內亂或外患的退守區。四川盆地，雖稱「天府之國」，只能在中原動亂中割據一時，從未有成大業的。江南惟「長江天塹」，但徐淮荊襄一有缺失，就難安穩。

晉室東遷，南朝遞嬗，卓具開發貢獻；北方五胡雲擾，終歸漢化。

三國時江南猶地廣人稀，山越與南中，尚待開發。五胡亂華，中原人士才被迫沿漢渡淮南移，挾其優越的農業技術，文學美術，得此新生地，憑其聰明才智發展。

中國地方遼闊，每一次大亂，總留下一兩塊乾淨土，讓舊的文化萌芽新的新機。未南渡的，東北出關東，西北走河西，卻於新的環境裏獲得新生機，轉回來再凝結華夏的大一統。

隋開運河，更提供了加速南北經濟文化的新生命線。

通濟渠最發揮了轉輸功能。黃河流域文化積厚流光，江南經濟潛力豐富，得通濟渠水運的利便，貨暢其流，人遂盡其力，地更盡其利，於是農田水利大興，帶動了經濟發展，商業城市——如揚州、蘇、杭應運勃興，戶口激增，人文蔚起，漸超過了黃河流域。

唐仍隋都長安，國威同於西漢。自安史之亂，政治、經濟、文化起了極大的轉變。

安史之亂，不僅是唐帝國盛衰的分野，政治中心漸由西移轉北，經濟、文化卻由北轉到南。

亂後，北方的藩鎮割據，截留中央賦稅。而長安政權尚得以繼續維持，全靠汴渠（通濟渠）轉運東南財賦的供給。黃巢之亂，東南經濟被破壞，復斷絕漕運，長安政治集團遂告瓦解。

唐以前，大人物——政治、軍事、文學、藝術人才，多北方人。唐宰相世系表三百六十九人，九十八族，十九皆北人。廣東只出了一個宰相張九齡；福建到德宗時，歐陽詹才舉進士（與韓愈同科）。到武宗會昌五年（八四五），纔定兩監及諸州府每年送進士限額，南多於北。

宋代南人始爬上政治舞臺，變法圖強幾盡南人。學術文化隨之興起，濂洛關閩，南北平分。唐宋古文八大家，韓柳北人，宋代六家都是南人。宋代四大書院，北方只一應天，白鹿、石鼓、岳麓都在江南。自唐中葉至宋初，全國增設一一三縣，南方占了九十七。

唐末五代十國，擾攘幾及百年，而南方九國，卻在偏安中安定成長，而北方迄無寧日。

宋遷就漕運，都開封四戰之地，又重文輕武，積弱不振。

因燕雲失而長期受北方威脅，乃以兵爲營衞，致生產者轉爲銷費者。更加遼夏歲幣，而又重文輕武，變法失敗，貧弱不振，新舊黨爭，益速其亡。

南宋都杭，南方經濟文化繼續成長，北方則迭遭少數民族破壞。

南方除號稱天堂的蘇杭外，廣州、泉州、明州、越州、江寧、成都，都成爲新興的大都市。北方望族，再次南來助其發展。

北方由遼而金而元，中國傳統文化賴以維護於不墜者，幸南渡而廣播嶺海。

元、明、清仍遼、金都燕，建立了強大帝國。北平取代了長安的政治地位。

北平形勢完固。東北地理又優於西北。自隋開永濟渠，形勢便漸轉變。安史亂後，河北失去控制，燕雲以北少數民族勢力得以成長，遼金先後憑之以陵中原。北平遂成爲元明清的政治重心。

北方瘠苦，經濟取給江南，河海兼運。

元、明河海兼運。海運險遠，乃開會通河（一二八九年），把原來偏向西北的漕運扭轉過來，南北直通。平地開河，缺乏水源，河決遂淤（一三九一年）而復浚（一四一五年），終於暢通，轉運來自洞庭、鄱陽、太湖三大糧庫的物資和南北文化。

明以前，糧產盛於荊湖，明初又漸由鄱陽而轉盛太湖。其時南糧占全國五分之四，而其中蘇、松、常三府又占三分之一。

清乾隆十八年（一七五三），全國田糧南方占十分之八；四十四年（一七七九）已高達北糧的十倍。此一現象：一面是賦稅偏重，另一方則是經濟偏枯。而文化亦適與經濟成正比。

江南更爲文化重心。

明代宰輔一百八十九人，南方占三分之二強。科第的三鼎甲及會元，自洪武四年（一三七一）至萬曆四十四年（一六一六）二百四十五年之間，共計二百四十四人，南方占二百十五人。

清乾隆元年（一七三六）詔舉博學鴻詞，先後選舉二百六十七人，江、浙、皖、贛四省占二百〇一人。兩湖、閩、粵、滇、蜀占三十九，而北方只占二十七人。

從客觀的歷史證驗，政治靠經濟支撐；經濟促進文化；而文化領導政治。

中國兩大政治中心，唐以前在長安，唐以後在北平。洛陽不過勉承緒統。由於江河兩大河流自西東流，缺乏縱的主流聯繫，每於統一之中，常陳分裂之局。但除明代和民國，大約由於地理因素，南方總爲北方所統一。

近代政治重心雖仍在北，而文化卻遠遜於南。政權且常操在南人手裏——與宋以前恰相反。

河患與戰爭，是轉移政治、經濟、文化的推動力。

中原之稱中華文化策源地，蓋因於河患與戰爭而光芒輻射。黃河在中下不斷的泛濫，夾帶大量泥沙沖積而成大平原、大戰場。而河患的憂患意識，卻正激發了華夏民族通力合作克服滔天巨患的智慧。戰爭力求勝利，更拼發了文化的火花。爲求生存，促進了團結統一；爲安定政治社會，更不斷的努力經濟和文化的發展。

中華文化是中國幾千年來積累的業績。

任何民族現存的文化都不是原始的風貌。在歷史長流裏，與他族的文化接觸，必然會相激相盪，融合交流。不過以往發展得緩慢，現在變化得快速。文化並不在歷史裏定格。他一旦碰到強大的外族文化入侵和本土文化的自然進步，舊文化便又自然的被淘汰——如機器之取代手工，電器更代了機器。但因歷史背景，地理環境，而中華文化，則仍保其民族的特性。

中原

中原，一般的觀念，有廣狹二義：廣義，幾乎泛稱中國，至少包括河南全省，陝西、山西、河北、山東、江蘇、安徽各省的一部分；狹義的則約以今河南鄭州爲中心，洛陽或曲阜爲其東西的半徑。按字義來說：居全國之「中」，有河濟、河淮的兩大平「原」。今所述及，則爲後者。

一　古代都居多在中原

史記五帝本紀，以黃帝軒轅氏揭開中華五千年史的序幕。皇甫謐帝王世紀云：「黃帝有熊氏，居軒轅之丘。或言新鄭有熊之虛，黃帝之所都。」「或」固傳說之辭，惟鄭位於中原，南面平緩斜坡，及於淮南丘陵；東北沿太行山東麓，及於燕山。這一南北兩大平原的分水地帶——亦即西倚嵩華，東連泰岱的一條脊上，正是所稱「中原」的核心，最利於漁獵、畜牧、農業文化的發展。

黃帝之前，相傳伏羲氏都宛丘（淮陽），神農氏生於宛丘之東苦縣厲鄉，初亦都宛丘，後徙曲阜。黃帝生於壽丘，說者謂近曲阜；娶西陵氏之女，西陵當爲有熊之虛的西邊丘陵。其後少昊氏居窮桑，窮桑說亦近曲阜。顓頊氏自窮桑徙商丘，都高陽，卽雍丘，今杞縣，顓頊之虛曰帝丘，今滑縣東。帝嚳都亳，今曹縣南。「殷人禘嚳」，蓋世守其地，發祥於商丘，後徙安陽——中經八遷、五遷，皆近上述之分水地帶，與居河南之夏，恰東西相望。

又卽州、氏、丘、虛、陵等字義解釋：說文：「州，水中可居者。昔堯遭洪水，民居水中高土，故曰州。」所謂某氏者，卽某山之部落首領；丘、陵爲高地，虛爲大丘。古籍所載，附近禹河及河淮分水地帶以丘名者爲特多，蓋遠古南北兩大平原之海埔新生地，洪水橫流，乃擇高地以居，禹貢有「降丘宅土」之文；孟子謂「得乎丘民而爲天子」。近年發現石器、陶器、骨器、銅器古代文物，卽多在高地的低處之河岸，或平地高起之孤堆。余曾爲「古代都居及近年發現古代文化遺址混合圖」（史學彙刊十一期），多在兩大平原的海拔五十公尺的邊緣。與今出土的仰韶文化、發展爲龍山文化、小屯文化，其遞傳大可考證古史傳說、與地理環境甚相符合。

二　文化源頭

前面說到兩大平原遠古洪水橫流，河患固是極大之不幸，然惟生於憂患，更激發奮鬪克服的智慧。因河患須通力合作，更促進了合羣團結意願，遂由部落的觀念，擴充為國家統一的思想。並培養了我族人力勝天的精神，高度文化的發展。

猶有甚於河患之戰禍。然因戰爭之摩擦，拼發文化之火花。是二者，不惟創造文化，且為文化之傳播者。蓋中原四通八達，南來北往，東騁西馳，必須通過此一衢地。遠古涿鹿之野，湯伐夏，武伐紂，無不以中原為逐鹿之場。惟商以前，中原為開發之基點，戰於斯，守於斯，無所謂之利與不利。自周興關中，戰爭之勢乃大異——關中四塞利於守，中原衢地利於戰。故周、秦、漢、唐政治中樞雖在關中，而文化實在中原。如周以洛陽為東都，以朝山東之諸侯。宋承商文化居中原之中，魯衞為周文化之代表，分處東北之兩邊，光輝輻射，東漸於海，北暨燕薊，南極江淮，西被關隴。東周列國，霸在齊、晉、秦、楚。恰位於四邊，而決定霸業，胥視中原。宋鄭實為之軸。五大戰爭——城濮、殽、邲、鞍、鄢陵，僅鞍在齊郊，而四在中原。陵夷至於戰國，七雄並立，中原之韓魏，正如春秋之鄭宋，其勢不足以抗衡；洛陽之周室，比於小諸侯。秦得三河，旋并六國。

楚漢興亡，決於滎陽；光武之興，始於昆陽，卒以河北入洛，而其國勢遠不逮西京者，洛陽狹隘，武王告周公一語道破：「居易毋固」。漢高一聞婁敬、張良之言，即日駕，都關中。後世言洛陽之險者，蓋昧於史地之背景與形勢。除成皋「一里之厚，動千里之權」外，孟津敵與我共，殽函乃關中之險，晉所以塞秦者，不因河南而用河東也。伊闕、轘轅，皆在望中。通觀歷史，未有一焉能固守之也。

三國魏據中原，旣滅西蜀，旋亡於晉。晉纔幷東吳，即遭永嘉之禍。五胡雲擾，僅後魏遷洛，略成氣候，乃再傳遂成戎藪，迄於隋唐，無不決勝負於中原。但自安史之亂，衣冠文物，再徙而南，幸得通濟一渠，延續命脈。殘唐五代，居洛居汴，藩鎭十國，猶須託庇聲光，而梁末帝之禍，甚於王假；晉出帝又步懷愍後塵；漢周更亡不旋踵。宋承長期戰亂之後，雖成一統之業，而終宋之世，積弱不振。誠以汴梁四戰之地，無險可守。以故契丹南下，徽欽又繼石晉北狩。從此政樞讓於燕京，洛汴過渡時期遂告終結。要而論之，衢地利於經濟文化之發展，惟不適於政治中樞之建立。

但中原究係衢地，在昔洛陽爲全國之朝市，汴梁、南陽、宜陽、淮陽、睢陽、鄴下（臨漳西南），皆商業之名都。尤以陶居午道，儼然國際市場。慨自永嘉、安史、靖康三次爲少數民族摧殘，而加速江南經濟文化之發展，反映中原聲光，日益暗淡。要之，中原爲文化的源頭，光芒四射，不過南方自然的條件優越——氣候溫暖，土地肥沃，吸引力強；加以人爲的不斷推動，取代了中原地位。但自平漢、隴海兩路交通，形勢大爲改變，鄭州正當「十」字路口，無虞「八方風雨會中州」之盛！不過近代武器精良，前代所稱成皋、孟津、殽函、以及武關、鄖扼的險要，已成歷史陳迹。所能憑藉者，惟豫西丘陵地帶之側擊、牽制。但戰爭之勝負，決不在鷹揚之牧野，而在政治之衽席。政治之後盾，則在人和。不然者，雖有配備精良之虎賁，不陣前倒戈，亦將繳械而投降也。

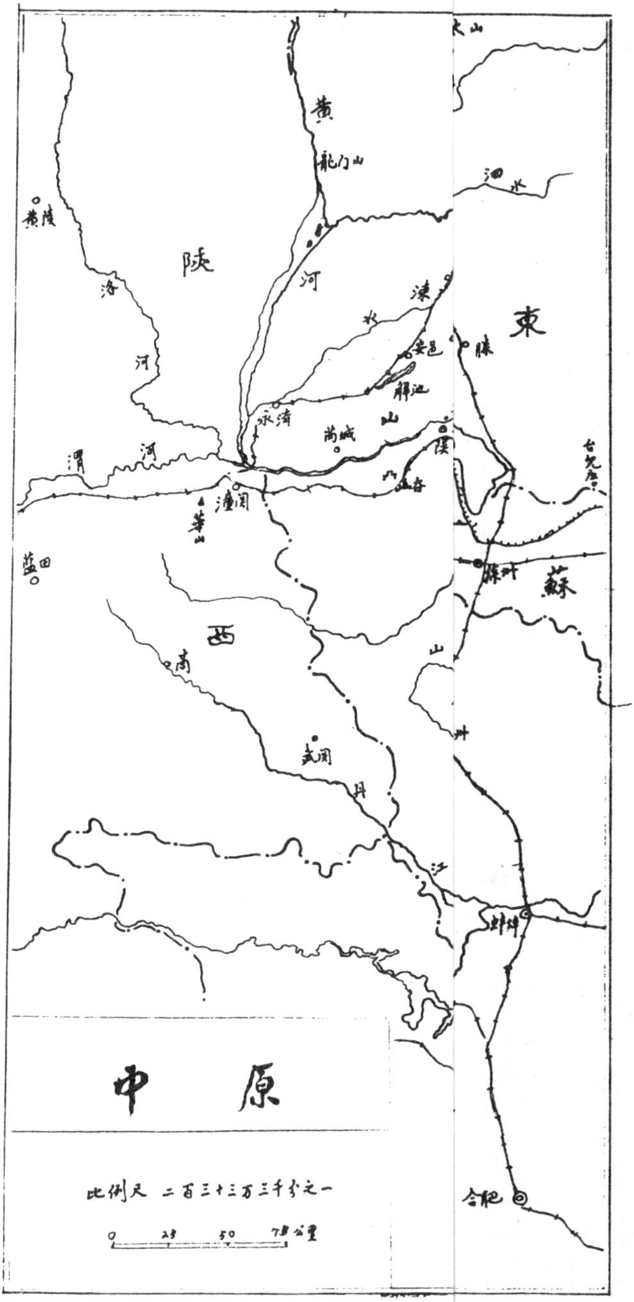

黄
龍门山
黄陵
陕
河
洛
河
涑
水
安邑
解池
永济
山
渭
河
潼关
華山
蓝田
西
商
武关
丹
江
東
滕
蘇
徐州
山
蚌埠
合肥
中原
比例尺 二百三十三万三千分之一
0 25 50 75公里

太行山東西

太行山之西為今山西，山東則概括今河北與山東。這三省的地理形勢與歷史文化雖各不同，但境地毗連，唇齒相關，不妨並為一談。

一 山西

先談燕晉天然的界限太行山。太行山老古時代東面大海，受海浪沖激，風雨剝蝕，崩塌泥土和黃河帶下的泥沙，塡成了河海大平原；所以東面山勢峻峭，惟通八陘；西為高原臺地，故謂之上黨、太原。

山西眞是表裏山河，形勢完固。太行八陘：軹關（濟源）、太行（沁陽羊腸坂）、白陘（輝縣）、滏口（磁縣）、井陘、飛狐（蔚縣）、蒲陰（易縣）、軍都（居庸）。這些通過谿谷的山徑，是因高原河水外流，造成缺口，成為交通孔道，無一而不詰屈險峻，車騎坎坷。東下較順，西上艱難。

西南長河直瀉，穿山越嶺，崖高壁峭，水深流急，不利舟楫，僅通采桑、龍門、蒲津、風陵、茅津。南更臨河疊障太行支阜中條山脈。

北倚陰山，其支阜呂梁、恒山縱向，河谷與胡騎走向一致，故橫築重城以限馬足。外城關口羅列，主要的從今河北獨石口、張家口、洗馬林、陽和堡西至殺虎口；內長城則偏頭、寧武、雁門，明代稱「外三關」，對居庸、倒馬、紫荆「內三關」言也。

歷史的證驗，山西高原，阻塞胡騎，屛蔽燕秦，虎視鷹擊，居高臨下，便利向外發展。蓄勢待時則感貧困，想割據獨立，未有不窮促蹶覆者。今循歷史向南而北的發展，分河東（含平陽）、太原、大同三盆地敍之：

河東　相傳堯都平陽（臨汾西南），詩稱「唐國」；堯都蒲坂，今日虞鄉；禹都安邑，蓋居唐虞之故虛。禹貢所稱太原，卽河東地區之大夏、夏虛也。禹子啓，東向開拓，復居嵩山之陽，黃臺之丘（禹縣），所謂「華夏」也。

周本河汾間古臺駘之地業農的氏族，後來向西發展。周公東征以後，成王始封弟虞於夏虛，故曰唐叔，居今虞鄉，稱「晉」，氏水也。晉水卽涑水，故稱晉陽。虞子燮徙平陽，仍舊稱晉陽，而以平水爲晉水（中國最喜新地仍舊名）。成侯徙曲沃（聞喜。晉有三曲沃），穆侯都絳（翼城東），昭侯徙翼，景公徙新田，名曰新絳（今侯馬市）：遷來遷去，都在汾、澮、涑水之間。三家分晉，魏都安邑，韓始居平陽，後皆東出圖強；韓徙陽翟，魏徙大梁（開封）。十六國時，匈奴人劉淵稱「漢」，再徙平陽；其族子曜，西徙長安改漢曰「趙」。平陽不過據盆地之頂點，不若河東之扼要津也。

太原 居晉中央，指顧八方。春秋時，「狄之廣莫，於晉爲都。」（左莊二八）顧氏日知錄云：「霍山以北，自悼公（前五五七年）以後始開縣邑，而前此不見於傳。」趙簡子時（前五〇〇年），始從常山臨代。漢志誤「太原郡晉陽，故詩唐國，周成王滅唐，封弟叔虞。」叔虞之封，在虞鄉縣西三十五里之晉陽（見上）。太原乃趙沿晉始封晉陽之名而北移，始見於左定十五年（前四九七），「秋，晉趙鞅（簡子）入於晉陽以叛。」時趙居始封之趙城。韓非子「十過」曰：

> 智伯陰結韓魏，欲攻趙氏，無恤（襄子）問謀臣「何居而可？」或曰「長子近，其城厚完。」或曰「邯鄲倉庫實。」張孟談曰：「董安于簡主之才臣也，前治晉陽，嗣復得尹鐸循之。必居晉陽而後可。」

初，趙簡子使尹鐸為晉陽，鐸曰：「為繭絲乎？抑為保障乎？」簡子曰：「保障哉！」尹鐸乃損戶數，紓民力。簡子謂無恤曰：「晉國有難，女無以尹鐸為少，無以晉陽為遠，必以為歸。」至是，孟談又以為言，乃歸保焉。（前四五四年）

既至晉陽，行其城郭及五官之藏。城郭不治，倉無積粟，府無儲藏，庫無甲兵，邑無守具。無恤懼。孟談曰：「有奇人者治城郭。」令出，五日而城郭治。

是晉陽乃趙氏私邑，襄子時，有城而不完，其非晉都可知。——晉都遷徙，於傳甚明。晉文弃狄，即在晉陽、交城之間。蓋范中行及韓魏據晉中南部，趙得地最寒瘠，半狄疆，努力北向開置晉陽，並有代地，而爲三晉重鎮，其名遂顯，而平陽之晉陽又早繼虞鄉之晉陽而晦。此種新居仍舊名，所在多有，後人不察，踵事增華，積非成是。

太原狹隘，爲爭形勝，趙獻侯東徙中牟，（前四二五年・河北湯陰北）敬侯定都邯鄲（前三八六年），遂雄於六國。秦莊襄王三年（前二四七），蒙驁攻趙榆次、新城、狼孟，取三十七城，因取河東古太原之名以名此新郡。漢仍爲郡國。隋末大亂，李淵留守太原，乘時起兵，剪滅羣盜，成帝業。五代沙陀人李克用因功封晉王，鎮太原，據河東，下幽州，滅梁，稱「唐」，都洛陽，在五代中疆域爲最廣。石敬瑭以河東節度使割燕雲賂契丹，契丹助以破唐軍於晉陽，入洛稱「晉」。劉知遠繼踵前王，亦以河東節度使發太原，入洛稱「漢」。時知遠母弟劉崇自立爲河東節度使，稱帝太原，史稱「北漢」。此皆乘亂起兵太原，或遠略，或割據，蓋其地狹，營衞不足，難期久大。如北越雁門，東入娘子，一逾盆舷，便不能守。明洪武元年（一三六七），徐達等旣下北京，卽度太行，時擴廓帖木兒方引兵出雁門，將由居庸攻京師，達乘虛直擣太原，擴廓回救，達襲破之，遁去，乘勢收大同，山西平。崇禎十七年（一六四四）二月，李自成下太原，陷大同，三月，入居庸，北京遂陷。

大同 北方之重鎭，燕京之右臂也。唐晏以爲「山環水抱，城垣崇隆，有都城氣象，長安外，惟燕京與此。」（庚子西行記事）桑乾河谷局勢狹隘，物質貧乏，交通困阻，給養尤難，安能與長安、燕京比！稽諸史實，自漢高平城之困，武帝馬邑（朔縣）之失，其後大張撻伐，常於此分道出擊匈奴——東出上谷，西出雲中，最爲華戎摩擦地帶。惟拓跋魏發跡盛樂（和林格爾），修平城爲南都（三一三年），後徙都焉。（三九八年。城西雲岡蓋刻於此時）統一北方，長淮以北，悉隸版圖。孝文遷洛圖南（四九四年），南臨江漢，北逾燕山，西及天山，東接高麗；而秀容（忻縣西北）酋長爾朱榮都督恒（平城）等六州，起兵晉陽，入洛，魏分東西，轉爲齊周，政治之光，僅止於此。

這三個盆地有一共同特點，重心都在北端——亦卽頭腦在北。近代中共之「晉察冀、晉冀魯豫、晉綏區」的解放發展壯大，山西實爲其主要根據地。

三盆地外有足敍者，厥爲上黨。上黨險狹臺地，接近河北、河南，居高臨下；北上太原，西趨河東，都最近便。故爲歷代兵家所必爭。其最著者，如戰國時閼與（武鄉西南）之戰（前二七〇年），趙將趙奢救韓，挫秦自孝公以來九十載戰無不勝之鋒。十年後，韓棄與趙，秦將白起坑趙卒四十萬於長平（高平西北），戰爭之慘烈，爲中國有史以來所未有。趙自此一蹶不振，秦遂穩建統一大業。

山西黃土高原，氣候偏低，雨量較少，十年九旱；農產南部以小麥爲主，其他玉米、高粱之屬，分布較爲普遍。惟其瘠苦，因多外謀生計，開發西北殊多貢獻；因而「錢莊」業一枝獨秀。西北一帶，畜牧業多牛羊，冀北之馬，古今馳名。礦產向稱「煤鐵之鄉」，煤田遍布全省三分之二的縣市；漢志鐵官四十八，山西占其五：河東——安邑、皮氏、平陽、絳，太原——大陵。元明兩代鐵冶尚盛（續文獻通考征榷）。當然遠不及「解鹽」自古及今尤利賴焉。

二　河北

河北西與山西界太行，東與山東濱渤海，北及漠南，南面黃河。而河遷徙無常，「河北」名實不甚適當，似宜名曰「燕山」或「山海」。

周初封召公奭於燕，迄春秋之世，寂然於史，自入戰國，常附齊趙以爲重，齊趙亦常視燕向背爲安危。齊嘗伐燕，五旬而取之（前三一四年）；燕亦嘗下齊七十餘城，統治者五年

（前二八四—二七九）。昭王建下都於易水北，爭形勢。然南阻中山與趙，趙又阻於魏，趙武靈王變法圖強，滅中山（前三〇一年），破林胡、樓煩，拓地北盡代谷，西及九原，置雁門、代、雲中、九原諸郡，並自代並陰山築長城至高闕。同時，燕亦因北逼蠻貊，使秦開破東胡，拓地千里，自造陽（懷來）築長城至襄平（遼陽），置上谷、漁陽、右北平、遼西、遼東五郡，役屬朝鮮：東北之入版圖，實自燕趙。

漢景時，吳楚聯齊趙七國叛，酈寄擊趙，欒布擊齊，亡不旋踵。然光武之興，自河北入洛，光復漢室；而楊玄感舉兵黎陽，逼東都，兩月卽亡；袁紹居鄴，萎縮不振，魏武肇基兗州（濮陽東），殄臂奪之，掃蕩羣雄，雄於三國。至若石勒據襄國（邢台），石虎遷鄴；慕容氏起遼東，前燕都薊遷鄴；後燕定冀州，都中山，並西燕（長子）；南燕據廣固（益都），劉裕入大峴，遂爲俘囚；此皆割據太行東西旋起旋滅者。

自安史鼙鼓動漁陽，脫離正統，遼、金先後入燕，竟移其中國之政治重心，經元、明、清以迄於今，聲光顯赫。蓋燕京居河海上頭，山海環抱，遼東、山東兩半島形若蟹螯，青、威、旅、大扼海洋之前衞，山海、古北、居庸諸關叠障；門戶極爲嚴扃，天津大埠當陸海之滙，南拊廣大平原之肩背而指顧八方。今更裁撤熱河、察哈爾，畫其南部入之河北省，其北部並從前關東三省西邊及綏遠、南部寧夏西北部爲內蒙自治區，作爲緩衝的國防前線，山海、獨石、居庸諸關。爲第二、第三防線，並使荒漠得其營衞，最爲遠識。際茲海洋時代，水陸咸宜，未有逾於燕京者。

卽河北一省而言，實爲中國心臟地帶，得失最關安危。循陸路京廣線出保定、正定、邯鄲、臨漳（鄴），名都大邑，都在海拔五十公尺以上，下臨平原縣邑；水路則沿運河——今京滬路出山東，過德州，入滄州、天津；又爲有事關東、塞北所必經。而中國多戰爭，河北卽多災難。尤以安史以後，藩鎭割據，遼金元統治，水利失修，以故地雖膏腴，年多荒歉，士庶相率南遷，戶口旣減，經濟自然萎縮，文化隨之落後。且舉明淸兩代南北直隸之戶口、賦稅、人文爲之大較；亦可見南北經濟文化轉移之顯徵：

明萬曆六年（一五七八）戶口：

北直	戶	四二六、四六三	口	四、二六四、八九八
南直	戶	二、〇六九、〇六七	口	一〇、五〇一、六五一

明萬曆六年實征夏稅秋糧約數（大明會典卷二五）

北直	夏稅	一七八、六三九石	秋糧	四一九、九八三石
南直	夏稅	九四三、七一一石	秋糧	五、〇六八、一四五石

淸乾隆三十一年（一七六六）歲入（文獻通考田賦四）

直隸	銀	二、四六三、七〇八兩	糧	九五、二一九石
江蘇	銀	三、二五五、二三六兩	糧	二、〇八五、四五一石

明洪武四年至四十四年（一三七一——一六一六）狀元榜眼探花及會元

北直　七人

南直　六六人

清乾隆元年（一七三六）詔舉博學鴻詞

直隸　三人

江蘇　七八人

三　山東

山東大略平原與半島各半。東及北臨海，北與西界河北、河南，南與江蘇分畛。禹貢屬兗、青、徐三州地。泰山居中，餘脈東延爲丘陵地帶。西環河濟，平原千里。「山東」，金人爲山東東路及山東西路；東路治益都，西路治東平，蓋因於泰山，而明因之。顧其實，宜名曰「泰山」。

老古時代，泰山爲海中羣島，南北爲兩大深淺不同海灣，河淮分水脊上，遙接嵩山，先民居之（見上中原），禹貢所謂島夷——嵎夷、長狄、萊夷也。泰山南北，魯齊同爲周初封國。齊太公初至營丘（臨淄），萊夷卽來與之爭。太公乃「因其俗，簡其禮，通商工之業，便魚鹽之利，而人民多歸齊，齊爲大國。成王命東至海，西至河，南至穆陵，北至無棣，五侯九伯，實得征之。」（史記齊世家）後四百餘年，桓公用管仲，尊王攘夷，九合諸侯，一匡天下。孔子至稱「微管仲，無其被髮左衽矣！」先後兼並弱小及滅宋，有今山東三分之二強。

語其經濟，濱海富魚鹽之利，臨淄海岱間都會也。「其民無不吹竽鼓瑟，擊筑彈琴，鬬鷄走狗，六博蹹踘者。其途車轂擊，人肩摩，連衽成帷，舉袂成幕，揮汗成雨。」（戰國策齊策蘇秦說齊）其後宋滅曹，齊又滅宋而有陶（定陶）；陶居午道，爲天下之中，菏濟分流，諸侯四通，貨物所交易也。范蠡、魏冉致富，最爲後世稱道。（齊楚魏滅宋，齊分得陶，秦甚恐，乃聯三晉與燕楚伐齊。燕獨入臨淄，報夙怨，秦則奪陶以封穰侯）後（前一三二年）黃河改道，菏因濟斷流，陶遂蕭條。漢武帝亦云「天下膏腴，莫盛於齊。」言其文化，文學游說之士，嘗會於稷下，騶衍、淳于髡、田駢、接予、愼到、環淵之徒，且數百千人，荀卿嘗爲祭酒。

其政治、經濟、文化，皆盛極一時；但並不能持久，如彗星之過長空。蓋齊雖大，半島丘陵地帶，物資不豐；平原散漫，險阻不足。張儀以爲「河濟爲限，長城爲塞。」（戰國策秦策）田肯說「卽墨之饒，泰山之固，濁河之限，……齊得十二焉。」（漢書高紀）然齊威王九年之中，三晉、魯、晉、衞、趙五入其境而取其地；王賁自燕而南，猝入臨淄，齊王遂降。梁啓超論六國之亡：「最苦鬬者趙，瀕亡猶致秦兩巨創；燕刺秦不成，其志可哀也；若齊始終未嘗一被秦患，數千里之地，數百萬之衆，一旦拱手而獻之，王建其非血氣之倫哉！」（戰國載記）抑亦地勢然也。如鞍之戰，艾陵之役，樂毅、韓信之下齊，耿弇日中而下臨淄，劉裕之輕取南燕：通觀國史，北及西皆可長驅而直入，南則由徐州東沿沂出莒入穆陵；西溯泗——沿今運河過東平趨濟南，未有一焉割據而能守之者。

春秋戰國之世，齊常侵魯以威諸侯。夫魯，右文之國也，崇禮教，薄征伐，故聖人出馬，流澤萬世，化及蠻貊，以言文教，無與倫比。孟子早就說過：「自生民以來未有孔子也！」史公確乎遠見，而爲「孔子世家」，試觀古來以世其家者有幾人哉？世人習稱「鄒魯之鄉」，山東簡稱「魯」，今猶保持遺風焉。

漢以後，青州以東開發，南濟州，西平原，並輻湊於丘陵與平原交接之濟南（歷下），遂移其政治經濟文化之中心。自會通河成，海洋逮通，今更爲京滬、膠濟路之交點。膠濟路上有新興的淄博市、青州市、濰坊市，終點青島市與其東北之烟台市，更是優良之海港。至於物產，齊魯向饒桑麻，五穀六畜（史記貨殖傳）。近年水利興修，更改變了從前土瘠地薄的面貌，小麥產量占全國第一位，水稻面積亦逐漸擴大，成爲重要糧食作物之一。棉產爲北方三大基地之一（其二爲河北、陝西）。品質優良的花生，產量占全國五分之二，是大宗出口物質。浸浸駕凌河北山西而上之。

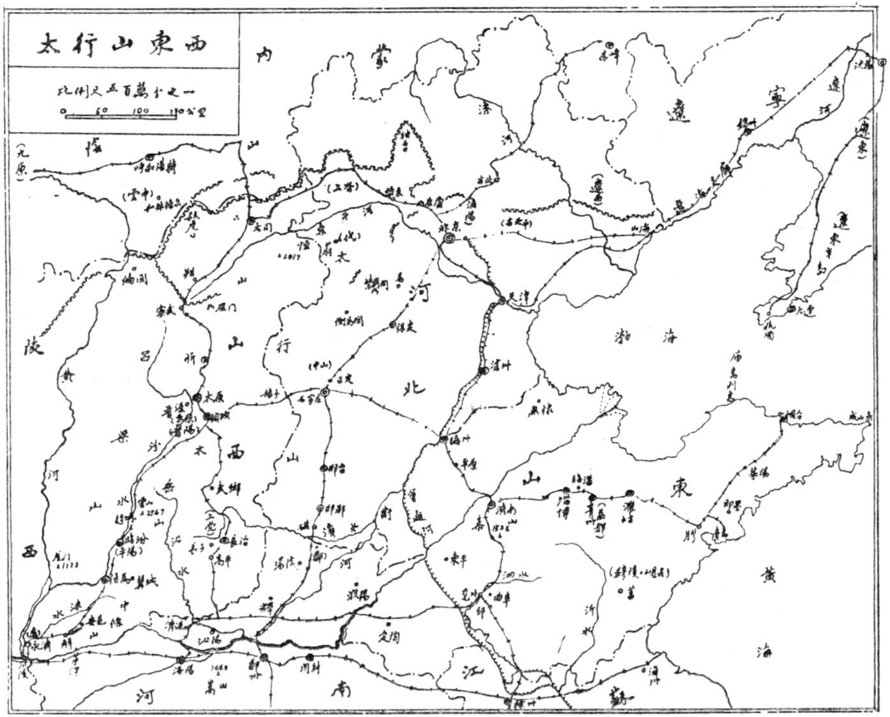
太行山東西
比例尺五百萬分之一
0 50 100 150公里
內蒙
山西
河北
山東
河南
遼寧
渤海
黃海
北京
天津
太原
濟南
石家莊

關隴

一　秦中自古帝王州

關隴，概括今陝西、甘肅兩省，青海、寧夏一部分。就其歷史淵源與其地理環境而言，關中則是主體。關中的一般概念，卽爲「自古帝王州」也。形勢完固，阻三面而東制。漢都長安，三輔——京兆尹、左馮翊、右扶風，實周之舊京，秦之內史。居渭河平原，襟山帶河，重關四塞，文化大同。然不得上郡，以當戎馬之衝；南兼漢中，以制巴蜀荆襄，則不足捍衞根本成其完固之體勢。而隴西雖不在今行政區畫之內，但在淸康熙五年（一六六六）甘肅未設省以前，原屬陝西之大部分，今猶肩背之於心腹。（將來將會調整為陝西、隴西、河西——包括青海與寧夏市——三省）

遠在西周之初，狄人侵之，太王去邠踰梁山，邑於岐山之下周原，東向開拓，建立大業。宣王之世（前八二三年），玁狁「整軍焦穫，侵鎬及方，至於涇陽。」（詩六月）命尹吉甫伐之，「至於太原（今固原境）」，城彼朔方」，而卒不免犬戎之難。周轍既東，秦爲附庸，發西垂汧渭之會（寶鷄），循周舊軌而東；爲除後顧之憂，逾隴而縣邽（天水）、冀（甘谷）（前六八八年）；復斬獂王之頭（隴西）（前三六一年），滅義渠之戎（涇水流域）（前三二七年）；遂專意東向，滅六國，成一統。項羽輕棄關中，漢高因漢中還定三秦，成帝業，開中國空前之盛世。自東漢遷洛，西北失其營衞，羌禍無寧日，董卓用西涼，傾漢室，關隴淪於戎藪，中原陷於五胡者垂三百年（三〇四——五八一）。隋之光復舊物也，因於宇文周；周承西魏都關中以滅高齊也。隋末羣雄逐鹿中原，李淵高瞻遠矚，虎視太原，鷹揚關中，遂繼隋統，遽掃隴西之薛仁杲與李軌，卽復幷州，取河洛，下巴蜀，平嶺海江淮；繼定河朔，復歸一統。自安史亂作，未遑西顧，肅宗還京在道（七五七年），而吐蕃已陷西平（西寧）。遂致西北魚爛，關隴鼎沸，自鳳翔以西，邠州以北，皆爲左衽矣！

隴西民族雜處，常因中原動亂，竊據偏安。其東部，自秦滅邽、冀、義渠諸戎，置隴西、北地郡縣，以河爲竟，築長城，起臨洮。河西，南阻祁連，東北烏鞘嶺、焉支山、合黎山、馬鬃山，接巇連峰，東西長二千餘里，南北狹僅百餘里或數十里，西邊築玉門、陽關，爲通西域孔道，故有河西走廊之稱。漢初先後爲月氏、匈奴所據。匈常聯河湟氏羌以寇邊。武帝遣霍去病奪取焉支山，匈奴乃爲之歌曰：

> 失我焉支山，使我婦女無顏色！失我祁連山，使我六畜不蕃息。

其年（前一二一）秋，匈奴渾邪王（武威境）殺休屠王（酒泉境）來降，先後於其地置酒泉、武威、張掖、敦煌四郡。昭帝復於河湟間置金城郡（治允吾）（前八一年），以維護走廊之暢通。五郡治所，水土肥美，可耕可牧。武威治姑臧，涼州治，常爲前涼、後涼所都；張掖卽甘州，後涼所都；酒泉西涼所都，隋置肅州。今省「甘肅」，卽取兩州爲名，可見其地位之重要。

更始新立（二三年），竇融謂其兄弟曰：

> 天下安危未可知，河西殷富，帶河為固，張掖屬國精兵萬騎，一旦緩急，杜河絕津，足以自守。

更始敗，以河西斗絕羌胡中，戮力自守，羣推融行河西五郡大將軍事。時公孫述據蜀，隗囂據天水，光武以其兵馬精強，舉足輕重，授爲涼州牧。後遂會師滅隗。十六國時，前涼張寔據姑臧，西秦乞伏歸據苑川（榆中東北），後涼呂光據姑臧，南涼禿髮烏孤據西平（樂都、西寧）北涼沮渠蒙遜據張掖，西涼李暠據武威，赫連勃勃據統萬（紅柳河北岸），氐酋楊氏據仇池（成縣西）；隋末李軌據蘭州，薛舉（仁杲父）據金城（允吾）。唐末沙陀國李克用據永昌。元昊據寧夏，常藉遼以困宋，逞雄西北凡三百四十多年（八八一——一二二七），歷年過兩宋而追兩漢。蓋時代（宋遼對峙）、地勢（偏於西北）、人謀（君多英明、臣多才俊）使然也。

隴東一帶黃土高原也是多民族的摩擦地帶。慶陽、寧縣、固原西及寧夏，即古之北地郡，其東陝北即上郡，都是漢族與西北各族的戰場；也是近代國共相持關係成敗的戰區。一九三五年的秋末冬初，十數萬大軍轉戰於地廣人稀的黃土高原之上，進無足用之飲水與糧秣，進退失據，被約五千饑疲之卒致命反攻，敗退下來，再也未敢深入。蓋高原四望，土海茫茫，平闊天際，難尋半點山丘。雨水沖洗若干年後，刷成無數深溝峻谷，從溝中望原上，又覺層層高崖，即詩所謂「原隰」也。人們必須由谷中行，岔道谷口伏兵，最難搜尋。諸葛亮與司馬懿爭渭水上游，便常利用這種特殊地形。以故地醜德齊，雖半關隴亦無能爲。以諸葛之才智，値司馬之多謀，空餘遺恨，隗囂、蒲洪、姚萇之倫固中才，餘子何足數哉！

在時代演進的背景、客觀的情勢之下，自安史亂後，東北漸取代西北之優勢，關中帝王之都，從此讓與燕京。五代及宋之都洛、都汴，不過爲其過渡而已。現已進於海洋時代，中國精華的地區又在沿海，內陸的關中固已不適於建都，而其軍事地位，卻仍如顧祖禹所云：

陝西據天下之上游，制天下之命者也。是故以陝西而發難，雖微必大，雖弱必強，雖不能為天下雄，亦必浸淫橫決，釀成天下之大禍。（讀史方輿紀要陝西省總序）

遠不煩舉，近代如中共之發展於延安，其明證也。關中形勢誠然封閉，但不同於四川盆地，他縮轂西北，近代鐵路、公路四通八達：東出潼關，直達中原；西出河西，直抵新疆；南越秦嶺，出武關，則江漢揚波；由漢中、或隴坻入巴蜀，皆順勢而下之斜坡；再則東北道河東或雲中拊中國之肩背（中共卽由此而發展）；西南則控制青藏於肘腋。影響力場之廣大，殆無逾於關隴者。

二　經濟文化較東南落後

關中自政治重心之轉移，經濟文化隨之停滯，較東南各省爲落後。因其土質與氣候，宜棉、豆、麥，不適於稻。除渭北平原與寧夏墾區以外（詳拙著「水利識略」），僅渭北與漢中盆地，其他地區多未開發。禹貢所稱上上之田，實際極爲有限。故自漢至唐，轉漕山東，以給中都，史不絕書。唐中葉以後，權貴豪強更霸占水源，置碾磑，農田益漸縮小，非復昔日之「膏腴沃野千里。」（史記貨殖傳）農業經濟之萎縮，亦爲失去政治重心之條件；文化亦隨之而降落。今以最能反映文化水準、最爲政治社會重視的進士驗之，關中以武功爲代表，江南以錢塘爲代表：

地方	唐	宋	明	清
武功縣	一四	七	二	○
錢塘縣	○	八二	一五五	二七○

（採自陳正祥「中國文化地理」頁四八）

升降之跡顯然。又如明洪武四年至萬曆四十四年（一三七一——一六一五），二百四十五年之間，每科的文魁（狀元、榜眼、探花及會元），共計二百四十四人，南方占二百一十五人，北方僅二十九人，陝西占九人。興言及此，宋眞宗時，重臣寇準（陝西華縣人），以江西臨川晏殊是「江外人」，反對他中進士；臨江（江西清江）蕭貫當中狀元，他更極力的攻擊，說「南方下國，不宜冠多士！」後得意的對人說：「我又爲中原奪得一狀元！」但如上表，終難挽關中的文運。不過運氣亦可以碰，清乾隆二十六年殿試，擬江南趙翼第一，浙江胡高望第二，陝西王杰第三，高宗謂陝西自國朝以來未有一甲一名及第者，遂拔杰而移翼第三，御製傳臚紀事詩有曰：「西人魁榜西平後，可識天心偃武時。」修文固足以振興全國教育，然基本的政治如不清明，營衞的經濟難於提升，也只能興奮於一時，仍難維持於久遠。據范長江一九三五年關隴考察報告：隴東各縣皆無中學，高等小學已爲最高學府；教師必授

「學而」、「先進」、「詩云」等科目，如授「科書」（教科書之俗稱），準有打破飯碗之危險。此等小學，往往亦只三十左右的老學生。

貧窮落後，基於地理環境惡劣，生產困難。居民窖水蓋藏，地下窯洞，多於地上房屋（仍然是「陶復陶穴」周初時代），往往四五十里始有三五人家。慶陽府城的大戶，擁有某山至某山的廣土，牛羊以千萬頭計的財富。而慶陽一縣，每年收入才四萬餘元，而每年應支軍費卻高達十二萬元以上；額外既取之於民，貪官土劣更從中勒索。環縣、合水、保安一帶，往往一石柿子通過街道，納稅四五角，全石柿子不過此數；鴉片烟每畝抽稅四五十元，而每畝產值亦不過此數。積於數十年來之事實，使農民得一深刻之觀念：卽一切政府、機關、法令、委員等，皆以「要錢」爲本質。對政府根本失去信仰。

從前贊揚隴西三大城市的盛況：「金張掖，銀武威，秦十萬」又如何呢？據幾家實地考察報告，張掖、武威城內市容尚存舊日風貌；但酒館妓寮到處都是，十四五歲以下的孩子，十之七八沒有褲子。爲甚窮到這般？「民藥局」到處都有也。政府「烟畝罰款」，不種鴉片的也該罰。農民拏不出罰款，更拏不起請人「受杖」一次的代價銅元兩千文，只有潛逃。如臨澤縣民十九年上糧一千四百四十五石，到二十三年只能上八百八十一石了。那些耕地都荒廢了。秦州又何嘗不一樣。渭水兩岸平坦富饒的川地，農民被政治經濟種種壓力，逼得遍種鴉片，沿途村鎮，百業蕭條，而路上卻常遇到三十五十成隊而行的鴉片販子。

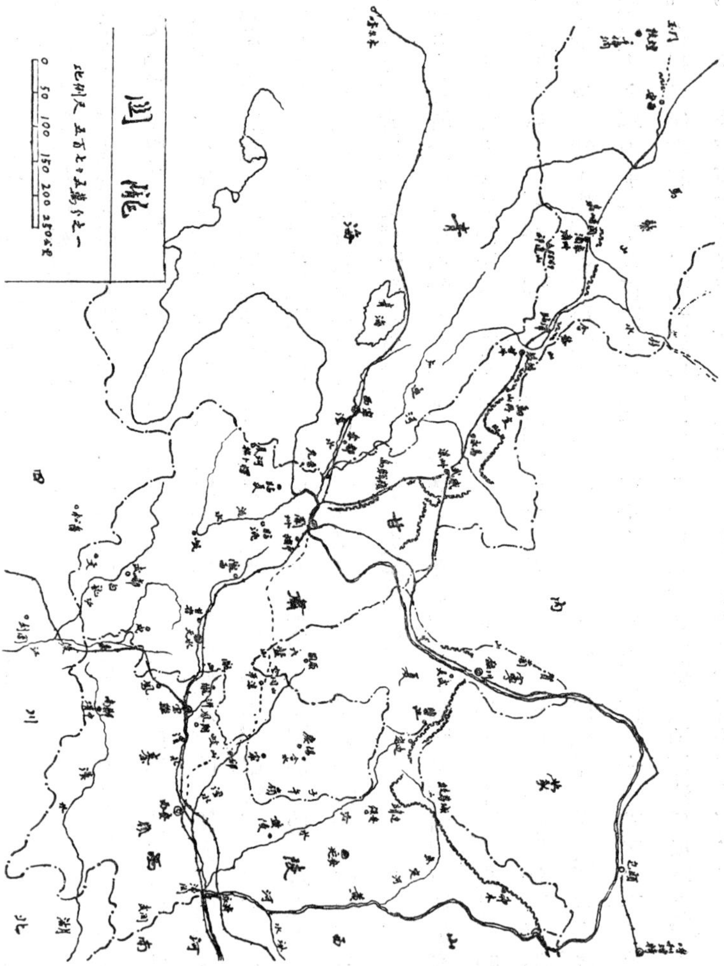
隴圖
比例尺 五百七十五萬分之一
0 50 100 150 200 250公里
青海
甘肅
寧夏
陝西
內蒙
四川
河南
湖北
山西

四川與雲貴

一　四川天府之國

宋元豐八年（一〇八五），分西川路與峽西路爲益州（成都）、梓州（三臺）、利州（漢中）、夔州（奉節）四路，總稱川峽四路，後遂簡稱四川。元至元二十二年（一二八五），合四路置四川行省。（分與元路——漢中於陝西）宋以前無四川之名，非因於岷、瀘、雒、巴四水也。

四川盆地，四周環山，海拔一千至三千米，北高南低，而坡度平緩。諸川皆注於長江，只三峽一道出口。盆底成渝廣大地區，赤色砂岩丘陵分布，海拔三百至七百米，是農林基地。大體分爲東、中、西三部：渠江以東爲東北走向西南之平行褶曲地帶，山林蒼鬱，水源豐富，河谷農業發達；斜向交通便利，南北往來，則盤旋翻越，有蜀道難之嘆。渠江與沱江之間，河流割成無數平頂方山，梯田相望，是四川最大的農業區。川西爲成都沖積平原，土地最肥，面積六千平方公里，爲我國西南最大的平原。地勢自西北向東南傾降，引水灌溉利便，都江一堰，即灌蜀郡之田。水量充足，又可行舟。加之北部山高遮蔽寒風，氣候溫和，陰多霧重，一歲三熟。動植礦產，希奇富饒，得天獨厚，而成「天府之國」。

井鹽，古已著名。漢志，全國鹽官三十五，四川占其三——犍爲的南安，蜀郡臨邛，巴郡朐忍。（井鹽用天然氣煮製，爲國稅之大宗。）漢志鐵官四十八，四川亦占其三——蜀郡臨邛，犍爲武陽、南安。卓氏用鐵冶富傾滇蜀；臨邛程鄭亦冶鑄，富埒卓氏。巴寡婦清，擅丹穴之利，秦始皇爲築女懷清臺。更有橘官。此皆見於史漢者。南宋以茶市戰馬，用能穩定偏安。他如蜀錦絲綢，自昔馳名海內外。（文獻通考卷十五—十九・一百六十馬政）

物產既豐，趨利若鶩，人口滋殖，商業隨之發達，商賈滇僰，北隙秦隴。唐時譽爲「揚一益二」。北宋全國商稅歲額，四十萬貫以上者三，四川占其二——成都、興元，餘爲東京；二十萬貫以上者五，四川奄其全；十萬貫以上者十九，四川占十三。（文獻通考卷十四）更以鐵錢重，不便貿易，十六家殷商改行「交子」，爲世界最早發行紙幣之濫觴。（通考卷九）

經濟富饒，文敎亦盛焉。漢文末年，以文翁爲蜀守，立學校，遣俊士張叔等十八人東詣博士受七經，還以敎授，學徒鱗萃，蜀學比於齊魯。巴漢亦立文學。景帝嘉之，令天下郡國皆立文學，因文翁倡其教，蜀爲之始也。華陽國志卷十二，載益梁寧三州自漢興至三國之終，士女載傳記者三百四十四人，兩晉五十一人。宋代古文六大家，眉山蘇氏父子占其半。（參看本文末）

二 退守與進取

四川因係盆地，自成奧區，其表現於歷史者，每當中原動亂，常爲割據之局。及中原大定，則未許以偏安。周失紀綱，蜀先稱王（蠶叢）；七國稱王，杜宇稱帝；而別封其弟葭萌於漢中，號苴侯。苴與巴爲好，而巴與蜀爲仇；蜀苴相攻，苴侯奔巴，求救於秦。時秦惠王欲伐韓，張儀主伐楚，獨司馬錯以爲

> 蜀雖西僻之國，而戎狄之長。得其地足以廣國，取其村足以富民。水通於蜀，有巴之勁卒，浮船以向楚，楚地可得。得蜀則得楚。

惠王以爲善。遂伐蜀滅之；因取苴、巴。先後封公子通、惲、綰爲蜀侯，置巴、蜀、漢中三郡（前三一二）。於是秦益富強。其後，蜀守若率巴蜀衆十萬，大船萬艘，米六百萬斛，浮江東下，取楚巫郡及江南爲黔中郡。（前二七七）

東漢初，公孫述據蜀稱帝，吳漢泝江上，臧宮從斜谷入，述卽授首（三六年），漢末，劉焉以東京將亂，求爲益州牧，陰圖異計。卒，衆表其子璋代。時張魯據漢中，璋闇弱，迎劉備。備遂跨有荆益。三分王業。殊關羽失荆州，諸葛六出祁山；而鄧艾一出江油，後主卽輿櫬迎降。（二二一～二六三年）

永嘉之亂，李特與劉淵率先起事（三〇四）。李氏據蜀於五胡雲擾之際，雖傳六世，不過四十三年，僅守漢中、南中，未嘗越峽一步。而桓溫長趨直入，立卽投降（三四六）。後六十年（四〇五），譙縱乘桓玄之亂，據蜀稱王，劉裕遣朱齡石直入擒之（四一三）。蕭紀據蜀稱帝（五五二），東圖荆峽，西魏以取蜀制梁，遣尉遲廻自散關直趨劍閣，紀纔一年而亡。

王建據蜀，傳子衍，後唐莊宗遣李繼岌自文州間道入而衍降（八九一－九二五）。蜀平，命孟知祥守之，已而稱帝，傳子昶，宋遣王全斌出鳳州，繞劍門而南；劉光乂取夔州。昶迎降（九二五－九六五），太祖問其花蕊夫人迎降之故？曰：「君王城上豎降旗，妾在深閨那得知。十四萬人齊解甲，更無一個是男兒！」前蜀後蜀，其父子皆以富饒，奢侈淫逸，不務國是，故取之如摧枯拉朽耳。

元之季世，明玉珍乘勢割據，稱夏帝（一三六二），都重慶，諸將粗暴，卒，幼子昇，益不振，明初招之不降，以鐵索橫瞿塘峽以自固。洪武四年（一三七一），湯和水陸並進，直搗重慶；傅友德以步騎由秦隴趨成都，昇卽降。明末流賊張獻忠，陷成都，僭號大西國（一六四四），惟知慘殺窮刦，埋金禁城。清兵擒斬之（一六四六）。民初軍閥割據，中央力不能及，任其自相殺伐。及日侵華，遷都重慶，方正式歸附中央，一致抗戰以迄勝利。

稽諸往史，從未有任何政權能自四川發展者。蓋偏於西南，距中原心臟地區遼遠，若通過盆地邊緣，則師勞力竭。漢高之成帝業，用漢中定三秦也。故荆邯說公孫述以據江陵傳檄吳楚，上漢中以定三輔。述不聽，而吳漢、臧宮直抵成都矣。諸葛公蓋深善荆策，要「跨有荆益，保其險阻」，然後以荆州向宛洛，益州出秦川以說劉備。無如關羽驕蹇，失荆州之右臂，而益州孤矣。劉備人傑也，欲復荆州，纔出峽口而全軍墨；諸葛人中龍也，以爲坐而待亡，孰冒危難，雖六出祁山而終不得關中。後之餘子不足論矣。相對的，取蜀而一逾盆地邊緣，卽可直入盆底。顧祖禹譬之

> 禦盜於垣牆之內，垣牆一壞，而舉家之人心膽墜地，何能復興敵戰哉！（讀史方輿紀要四川省總序）

明太祖所謂「門戶既隳，腹心必潰」也。（論傅友德伐蜀）

說者以爲「三峽天險」，而吳漢、桓溫、朱齡石、湯和、長趨直入；「劍閣天塹」，而鄧艾、尉遲迥、李繼岌、王全斌，或臨之以兵，或從間道，未有一焉得保其險阻，幸其不亡者。「固國不以山谿之險」，蓋恃險則怠心生，而攻險者致之死地而後生也。故當以戰爲守，主動的出擊於大門之外。禦敵於大門外，豈獨四川爲然！

四川僻在西南，安危繫於東北。故每當中原戰亂，可退而守，禦敵於大門之外，以待戡定而還都。若安史之亂，玄宗幸蜀；黃巢之亂，僖宗幸之；日本侵華，遷都重慶。皆恃其險阻，用其富庶，支援前線，勝利還都。

再則屏藩江表。自晉室東遷，歷宋、齊、梁、陳以及宋之南渡，守江固必守淮，但荆襄爲江中游門戶，而四川又足以躡其後也。故圖江表者，莫不先事四川。秦蜀守若浮江取楚巫郡及江南爲黔中郡，楚遂遷都於鄢，荆襄失，楚遂不國矣。晉王濬率樓船順流而東，一過荆門，沿江瓦解（二七九年）。唐李孝恭舟師下夔州，蕭銑卽降（六二一年）。蒙古圖宋，力圖荆襄與四川；呂文煥以襄陽降（一二七三年），卽攻四川，釣魚山（合川）降後二十二日，臨安復遭靖康之禍（一二七九年），其繫江表安危蓋如此。

再，進取康藏，遠較出青海爲近便；雲貴更爲捷徑。漢開西南夷，唐之於兩爨、南詔、吐蕃，元、明之於大理，皆以四川爲前進之基地。

三　雲南・貴州

雲貴高原爲青藏高原之邊緣，鬱積磅礴，多深溝峽石，崎嶇難行。水流急湍，無舟楫之利。土瘠磽薄，農業不足稱。民居其中，各爲部落。史記西南夷傳曰：

> 西南夷君長以什數，夜郎最大（黔西北盤江流域）；其西靡莫（姚安）之屬以什數，滇最大（昆明地區）；自滇以北君長以什數，邛都最大（西昌）：此皆魋結、耕田、有邑聚。其外，西自同師（滇西）以東，北至楪榆（大理東北），名曰巂（越巂）、昆明（鹽源）：皆編髮，隨畜遷徙，毋常處，毋君長，地方可數千里。自巂以東北，君長以什數，徙（天全）、筰都（雅礱江一帶）最大；自筰以東北，君長以什數，冉駹（茂）最大：其俗或土著，或移徙，在蜀之西。自冉以東北，君長以什數，白馬（武都）最大，皆氐類也：此皆巴蜀西南外蠻夷也。

蓋山地割裂，無平原、盆地，不能凝聚強大統一之政治重心。昆明、大理，較開廣博厚，以故楚襄王時，莊蹻循江（烏江）上，略巴、黔中以西至滇池，會秦奪巴、黔中（前二七七年），道塞不通，以其衆王滇。變服，從其俗以長之。漢武開西南夷（前一三五年），使唐蒙自僰循秦時常頞所通五尺道（慶符南）以入夜郎，置犍爲郡。（初治鄨——遵義，後徙僰道——宜賓）南越反，因犍爲發南夷兵，會越已破（前一一一年），還平南夷爲牂柯郡（貴陽地區）。邛、筰、冉駹諸夷皆振恐，請臣置吏。乃以邛都爲越嶲郡（西昌），筰都爲沈黎郡（漢源），冉駹爲汶山郡（茂），廣漢白馬爲武都郡（成）。元封二年（前一〇九），發巴蜀兵滅滇勞、靡莫，以兵臨滇，滇王舉國降，以爲益州郡。後漢永平中（六九年），哀牢內附，置永昌郡（保山）。蜀漢爲北圖中原，除後顧憂，諸葛渡瀘（會理西南），服孟獲，改犍爲南部爲朱提郡（昭通），又分益州、牂柯二郡置興古郡（滇黔桂越交界），分永昌、越嶲二郡設雲南郡（祥雲），改益州爲建寧郡：南中凡七郡，設庲降都督以統之。晉初、改庲降都督地置寧州刺史，爲全國十九州之一。永嘉以後，日益開發，寧州領郡多至十有七郡。

自西漢至南朝行政區劃，各史地理志的地名，多無事蹟可考。惟郡縣係於部族之基礎建置，既任命太守、令、長，同時又保留其部族之首長封爲王、侯、邑長以羈縻之。此種「土流」兩重政權規制，一直至於近代「改土歸流」。與漢之郡國並行、及內地之州縣政治均異。

雲貴土地瘠苦，經濟困乏，文化隨之落後。憑謫宦以溉文化，如王陽明之於龍場驛（修文），根殖未深，野性難馴，時而自相侵凌，或亦叛刼官府。平而復叛，習爲故常。叛亂之根源，無非因於經濟之貧乏。元明以前且不論，即以乾隆十八年（一七五三）田賦以觀：「是年總計天下……糧八百四十六萬六千四百二十二石」，雲南纔「二十三萬八百四十八

石；貴州十五萬四千五百九十石。」（清文獻通考卷四・田賦四）

貴州，明初原分隸湖廣、四川、雲南——大半屬四川，永樂十一年（一四一三）二月，始設貴州布政使司，同於內地爲一獨立行省。十四年，始命貴州士子附雲南鄉試——雲南鄉試亦始於洪武六年（一三七三）。貴州就本省開科，遲至嘉靖十四年（一五三五）。是雲貴參與全國鄉試爲最遲；定額較四川亦最低：明代四川七十名，雲南四十，貴州只二十五名；清代四川一百三名，雲南六十九，貴州纔有五十名。參與考試及定解額之多少，最能反映文化之程度，與夫經濟之榮枯。如就質言，乾隆元年（一七三六），詔舉博學鴻詞，先後舉者二百六十七人，最多江蘇占七十八人，而四川、雲南各只一人，貴州無一焉。

雲貴文化，來自江表。其始殖於莊蹻之楚文化。然蹻亦「變服、從其俗。」大批的移民，則是明初，湯和、沐英平黔、桂後，分道入滇。沐由黔西先入，駐曲靖，設平彝縣。湯歸、沐留，請「實邊」，遂並其部屬落戶屯墾，任爲土司（一三八五年）。湯沐皆皖人率贛兵也。

抗日戰爭，是中國最大的一次對外族戰鬬，又一次的民族大遷徙。其時僅四川與雲貴最爲完整，稱「大後方」，政府機關學校工廠遷往焉，淪陷區之民集趨焉，重慶、成都、昆明、貴陽，皆驟然成爲繁榮的新興大城市。勝利後固多還鄉，定居者當復不少。而影響最著者，促進其政治統一，經濟文化交通飛快的發展，風雲際會，亦有傑出人物焉。

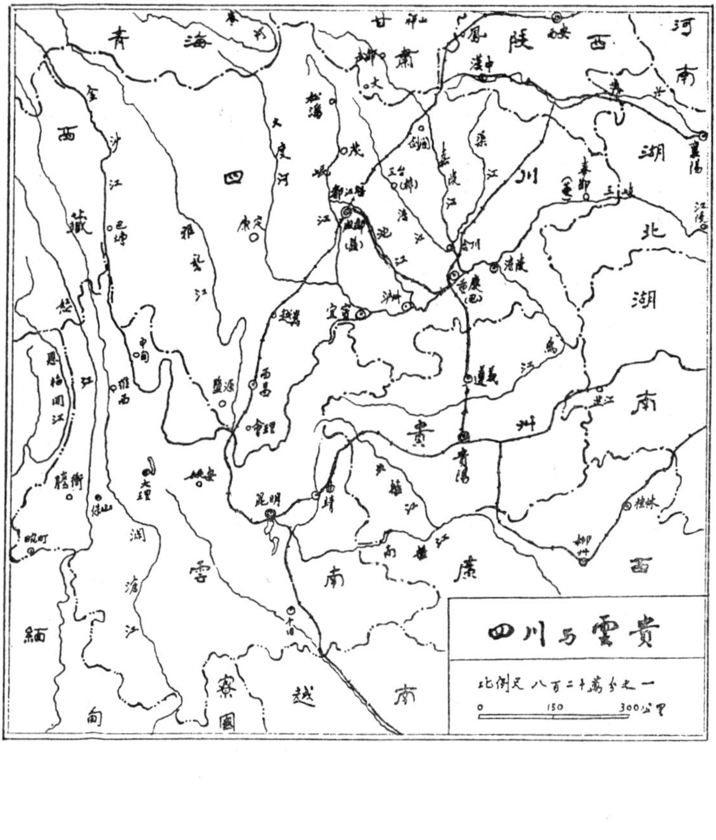
四川与雲貴
比例尺 八百二十萬分之一
0 150 300公里
青海
甘肅
陝西
河南
湖北
湖南
四川
西藏
雲南
貴州
廣西
緬甸
寮國
越南
成都
重慶
昆明
貴陽
漢中
宜賓
瀘州
遵義
西昌
會理
大理
騰衝
康定
松潘
茂
西安
襄陽
桂林
柳州
金沙江
大渡河
雅礱江
岷江
沱江
涪江
嘉陵江
渠江
烏江
瀾滄江
怒江
南盤江
北盤江
三峽

大江南北

一

大江南北，略當禹貢荊州與揚州而及淮陽地區，史記貨殖傳之所謂「三楚」，概括今湘鄂贛皖江浙六省。通常中國以黃河與長江兩大流域的地理、氣候、經濟、文化稍異，稱北方、南方，其實南北無明顯分界。而大江則爲南方的核心地帶，尤以太湖爲中心的精華地區。

中國發展的次第，無疑是由北而南。秦漢以前政治、經濟、文化重心在黃河中下流，六朝及於長江。江又自上及下，旁及嶺南。

河域文化之漑及江域、嶺表，賴漢水與淮水的溝通。而淮橫流入海，漢則斜流入江。以周秦漢都關中而言，遠近略殊，遲早亦異。吳太伯逃至荊蠻（江蘇無錫梅里），寂傳十九世而至壽夢，始通中國。（前五八四年。史記吳世家）楚自周成王封鬻熊之孫於楚蠻，居丹陽（河南淅川縣下寺），華路藍蔞，以啓山林。昭王南征，卒於江上（前一〇〇二年）。夷王時，熊渠自稱「我蠻夷也，不與中國之號諡。」乃王其三子於江上——江陵、鄂城、九江。畏周厲暴虐，去其王號。數傳至熊通，「欲以觀中國之政」，自立爲武王。（前七〇四年）盡滅漢陽諸姬，華夏諸侯皆惴惴。齊桓不敢與之戰，與其大夫屈完盟於召陵（郾城東北）而還。（前六五六年）楚莊且觀兵周郊，問鼎輕重。（前六〇六年）是吳始通中國之年，楚已圖霸中原百有餘歲矣。

降及秦漢，已由漢而江而湘而踰嶺表，廣置郡縣：秦之南郡，漢分置江夏；黔中既改武陵，又分爲長沙，復分長沙置桂陽，再析桂陽置零陵。秦之嶺南三郡，更分爲九。又秦於淮南置九江郡，漢分淮南、衡山、廬江、豫章、六安五郡國。而江東僅有會稽、丹陽，（鄣）且裁閩中；至後漢順帝（公元一二九年）纔分會稽置吳郡。三國孫吳，由武昌（鄂城）徙都建業，掃蕩山越，江南纔得邁進發展的大步。

再從古籍探索經濟之發展：周禮職方（約早於禹貢），荆揚兩州「穀宜稻」。禹貢（約戰國時代成品）：揚州「田下下，賦下上」，荆州「田下中，賦上下」。揚州田土最低、荆倒數第二，代表生產力的賦稅則揚居第七，而荆僅次於中原之冀、豫，高居第三。然此非揚地之劣於荆域，蓋江漢先得「周南召南之化」，農業技術較進步。及漢，司馬遷遊歷江南，

他在史記貨殖傳描述當時觀念還是其地「卑濕」；其風

> 楚越（東楚）之地，地廣人稀，飯稻羹魚，或火耕而水耨，果隋蠃蛤，不待賈而足。地勢饒食，無饑饉之患。以故呰窳偷生，無積聚而多貧。是故江淮以南，無凍餓之人，亦無千金之家。

「火耕水耨」，是燒清田間雜草播種，待秧苗成長，芟除雜草，再灌水入田。此係直播而不經植秧、分揷的原始低劣技術，禾株矮小，結實稀少。但其經濟潛力，終隨時代而改良、發皇。漢之季世，中原動亂無寧日，固屬中原之不幸；但對中國整體的來說，卻加速了落後地區經濟文化的發展。中原豪族流民，爲躲避戰禍、謀求安定、開創新局，有的跑向東北關外，有的走往西北河西，功績顯耀的如蜀漢之於西南，據三國志蜀志的傳主籍貫：北方占二十六人，荊州十三人，蜀滇本土才十九人。移徙近便，莫如東南，循淮、漢直達江南，從吳志傳主籍貫統計：除孫氏外，淮以南三十八人（內巴郡一人），北方二十一人。由於土客攜手合作，濬發了雄厚的資源，實質的開廣了中華政治文化領域。

大較開廣高價位的經濟文化，當推孫吳之於東南。秦漢雖在「點」、「線」上設置了郡縣，但「面」的實質發展，多得吳國的繼續努力。如鄰接吳郡、會稽、新都、鄱陽等郡的

「山越」，周旋數千里，山谷萬里，其人野逸於林莽，其山出銅鐵而自鑄甲兵。（參見周瑜、諸葛恪、賀齊、全琮、鍾離牧諸傳）卽遍布於今江、浙、皖、贛、閩等省山地，經營數十年而漸漢化。

二

江南的開發——尤其是孫吳政權核心的江南，有其得天獨厚的地利和水利。要形容他的景觀，我覺得「錦繡江山」四字最爲恰當。他本身旣具備完美的優越條件，因緣際會，外力再三推動，更促進了發展的速度。

江南平原，由長江和浙江沖積而成，土質肥美，位於亞熱帶，氣候溫和，雨量適中。溝渠環太湖如珠網，灌溉無虞，交通利便。稻麥桑麻瀰野，經常保持豐收。但這「魚米之鄉」，並未吸引「安土重遷」的北方佬。那知時勢逼人來，漢末中原沸鼎，旣開創新之路；晉八王之內亂，又招來五胡的外患。戰亂相乘，整個北方，陷入有史以來的民族浩刧。中原士族，不得不拋棄美好的田園，相率逃過江來。憑着他們豐厚的資本、卓越的才智、刻苦的精神，藉着孫吳王朝奠下的經濟基礎和土地資源，努力開發，興修水利，擴大生產層面，改良農業技術，提高了產量。六朝遞嬗，在承平中繼續發展，社會安定，經濟充裕，帶動了文化起飛，士族們以其餘力從事文化事業，故六朝文學、藝術、宗教、哲學，都有畫時代的貢獻。

刻畫發展最明顯的標誌，是晉滅吳之年（二八〇），有郡四十三，縣三百三十一，較東漢末郡多一倍有餘，縣多過百。（僑置不計）而揚州戶三十一萬一千四百，尚次於荆州之三十五萬七千五百；但至宋大明八年（四六四），全國二十二州，四百九十萬人口，而揚州一州占一百四十五萬五千六百，揚州之吳郡獨占四十二萬四千八百。

相對的，北方長期戰亂，戶口流失，田園荒蕪，晉頒行「占田制」（二八〇年），雖然鼓勵歸農，終不免於兼並。抑又五胡雲擾，四民失業。幸北魏盪平羣雄，逐漸恢復社會秩序，尤其推行「均田制」（四八五年），改善了社會經濟結構。其時賈思勰著「齊民要術」提供旱地犁耕農法，由回蘇而又駸駸的超越南方。但魏分東西，齊周火拚，終歸隋統。隋開運河，正是南北經濟文化的交光互映，而照耀的是大唐帝國史册。

安史之亂，是大唐帝國的最大不幸。質言之，是北方的不幸，卻是江南之大幸——也就是南北經濟文化轉移的又一大關鍵。北方既遭到又一次的大戰亂，藩鎭相繼割據，中原人士不斷的又循着從前大逃亡的途徑，奔過江來。轉徙流離，戶口銳減，杜甫無家別詩云：

寂寞天寶後，園廬但蒿藜，我里百餘家，世亂各東西，存者無消息，死者為塵泥。

元和十三年（八一八），李渤奉命弔祭澤潞節度使郗士美之喪，路次陝西，疏請免渭南攤徵逃戶賦稅云：

竊知渭南縣長源鄉本有四百戶，今才四十餘戶。閿鄉縣本有三千戶，今才有一千餘戶。（全唐文卷七一二）

戶口逃亡，田園荒蕪，破壞了國庫的財源租庸調制。而軍國所需，急劇增加，且刻不容緣，不能不挹東南之財賦，注西北之漏卮。通濟渠便成了大唐帝國的生命線。這更加強了江南生產的動力，促進了江南富甲全國的基礎。

北方眞是多災多難——內亂外患更加河患。藩鎭火拼而爲五代，戰亂不息，迄無寧日，生產急劇下降。而江南雖九國分立，頗能相安，少風塵之警，一直在安定中不斷發展，努力農田水利，不但野無曠土，還與水爭地，大量開闢圩田、梯田、沙田、塗田。這一治一亂的強烈對比，給趙宋建國起了很大的作用。宋都開封，卽爲遷就漕運。汴渠平均年運量高達六百萬石。

蘇州一府，有田三萬四十頃，中稔每畝得米二三石，計出米七百餘萬石。（范仲淹「答手詔條陳十事」）

這當然不僅三吳水利是其主要的營養線，還加意於稻種的改良，眞宗時（一〇一二年頃），引進占城稻，已在江寰地區推廣。

反觀北方，由於內戰外患，水利失修，河患頻仍，歐陽修說：

> 河北之地，緣邊廣信、安肅、順安、雄、霸之間，盡為塘水，民不得耕者十八九；澶、衞……東與南歲歲河災，民不得耕者十五六；滄、瀛……西北鹹鹵、大小鹽池，民不得耕者十三四。又有泊淀不毛，監馬棚牧，與夫貧乏之逃而荒棄者，不可勝數。……堪取財賦者不多，其取者，不過酒稅之入耳。（論河北財產上時相書）

南北經濟懸殊，南人的政治和文化地位，自然隨之而提昇。因於經濟的發展，人口劇增，必須增置政治的「縣」。據太平寰宇記，從唐中葉到北宋初年，全國增設一百一十三縣，南方占了九十七，九十七縣之中，江以南占七十九，江淮間十一，四川七縣。

南方經濟正不斷提升，北方卻又發生了最不幸的「靖康之禍」。平日最看不起南人的士人們，卻不得不跟隨政府逃到「下國」的江南來了。

淮北被金人統治了百多年，淮河做了實際的南北界水。

南宋王朝之偏安「東南第一州」，全靠江南財賦之支撐，政權也就不能不開放以換取南人的維持。與北宋寇準、司馬光輩之極力的排斥南人的局勢大不同了；北人反而沈抑了。南人確也不負時代和地理賦予的歷史使命，發揮了智慧和才能，創建了光榮的成績。

經濟方面：北宋末年除了首都開封外，其餘重要城市如杭州、蘇州、成都、江寧、越州、荆州、泉州、廣州等，都在南方。廣州、明州和杭州市舶司的業務繁盛。泉州在南宋對外貿易發達，成爲新的國際大港。紹興二年（一一三二）三月，詔兩浙提市舶，移就秀州華亭縣青龍鎭（青浦東北三十五里），上海卽在這時置鎭，開始對外貿易，設市舶司及榷貨場，發展而成爲今日之世界大商埠。

元都燕京，爲漕江南粟而開會通河。據續文獻通考「田賦」歲入糧數，江浙、江西、湖廣三省，占腹裏、遼陽、河南、陝西、四川、甘肅、雲南七省的一倍。明成化八年（一四七二）定額，北糧幾僅及南糧五分之一。清代漕運，據漕運例纂，清初約爲南四北一。惟據清會典，乾隆十八年（一七五三），則爲南八北一。據戶部則例，乾隆四十四年（一七七九），竟爲南十北一之比。比重固有失公平，但最能刺激增加生產，促進經濟繁榮、文化發達。

人文的表現：唐宋古文八大家，唐惟韓、柳北人，宋代六位皆南人。宋代四大書院，北方僅應天，白鹿、嶽麓、石鼓俱在南方。以讀書而取得最高科第的狀元、榜眼、探花及會元來說，明自洪武四年至萬曆四十四年（一三七一～一六一六）二百四十五年之間，共計二百四十四人，南方占二百一十五人，北方只二十九人（陳建皇明紀）。仕途最高職級是宰輔，明代百八十九人，南方占三分之二強（明史宰輔年表）。清乾隆元年（一七三六），先後舉博學鴻詞二百六十七人，其中江蘇占七十八，浙江六十八，江西三十六，安徽十九：四省合計二百零一人；兩湖、福建、廣東、四川、雲南共占三十九；而北方只占二十七人。

三

經濟文化重心，明代漸由江西轉移江東。政治人物，自然因明太祖龍飛而豹變——開國元勳，十九江淮間人。兩湖開發雖早，蓋過渡而非凝聚。然荆襄猶之徐揚，自六朝以來，緊繫江東之安危存亡。辛亥武昌起義，京滬響應，淸祚旋終。北伐一下武漢，京滬隨卽易幟。蓋武漢三鎭，扼水陸之交通，居全國之要膂也。淸末議築粤漢鐵路，初議由鄂往贛達粤，嗣病其迂遠，改道湖南（清史稿交通志），由湘逾嶺直達廣州。這一重大轉變，三湘七澤無異更增捷運系統而溥及桂黔。

南北經濟文化之轉移，有其自然的優越之條件，加以人爲的推動。惟中國如巨人，頭腦在北，外患亦在北，政治重心不能不仍在北。但政治命運卻常操在南方。今後決定政治、經濟、文化的前途，將不在河淮之域，而在大江西江之間。

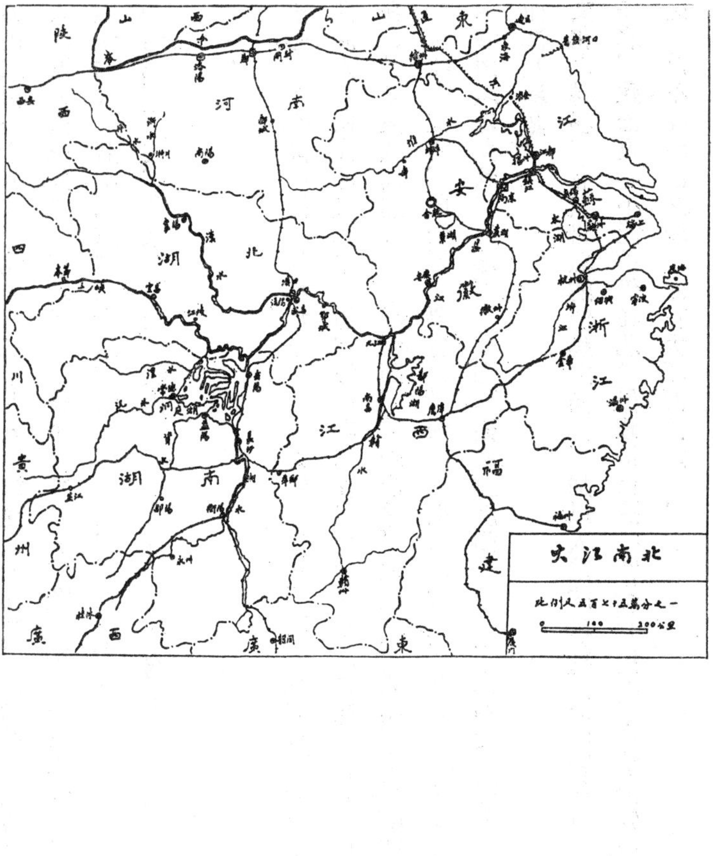
大江南北
比例尺五百七十五萬分之一
0 100 200公里
陝
山
西
山
東
河
南
江
蘇
安
徽
湖
北
浙
江
四
川
湖
南
江
西
福
建
貴
州
廣
西
廣
東

福建與臺灣

福建與臺灣，地緣兼血緣。在昔陸海未通，漠不相關。明鄭以後，臺灣纔受重視。而臺灣須賴福建以存，福建亦惟臺灣以安。臺灣之開發，多得閩人與粤人之冒險犯難、斬荊披棘以啓山林。而福建亦多得離鄉背井之先人開新世界，交有易無，供其乏困，得其回饋，滋潤故土。

一　福　建

建置大略　福建周爲七閩地——閩、蠻之別也。後屬越。楚滅越，其族遵海而南，秦平百越，置閩中郡。秦漢之際，有無諸與搖者，率衆從番陽令吳芮擊秦，佐漢高成帝業，封無諸爲閩越王，都冶。嗣分其地立搖爲東海王，都東甌（浙江永嘉）；後舉國四萬餘衆徙廬江郡。後立無諸孫丑爲越繇王，餘善爲東越王，與繇並處。武帝元封元年（前一一〇），以東越狹多阻，閩越悍，數反覆，國除，徙其民於江淮間。其遁逃山谷者，後稍復出，後漢遂置會稽南部都尉。晉室南渡，衣冠避居者尤衆，晉江（泉州）卽以此氏縣。龍溪地域，隋以前地荒人稀，唐垂拱二年（六八六），乃析泉州、潮州置漳州。開元二十一年（七三三），取福州、建州（建甌）各一字置福建經略使——此爲「福建」得名之始。明爲福建省，設八府，故別稱「八閩」。

形勢與史略　本省東南抱海，西北連山，羣山糾繆，衆溪瀠洄。西高東低褊淺逼隘，退守割據、都不相宜，故鮮爲野心者所利用而少戰爭。顧祖禹謂

> 用以爭雄天下，則甲兵糗糧不足供也；用以固守一隅，則山川間阻不足恃也。西漢時，東越嘗國於此矣，橫海樓船以四道之兵至而國亡。陳天嘉（五六〇～五六五年）中，陳寶應亦思據此矣，章昭達、余孝頃之師來襲而國亡。元末，陳友定起於閭閣，乃能削平羣盜，保其境內，非其才不足以有為也，一旦杉關失，南臺驚，及其身而敗亡至矣。
>
> （讀史方輿紀要福建省序）

蓋距中原險遠，不足影響大局。惟明末張煌言、鄭成功水師一入長江。而本身誠如顧氏所

云：「可攻之隙，隨在而是，備前則後至，備左則右至。山海之環繞不足以爲固，而止爲敵人出沒之資耳。」（同上）元陷臨安，益王昰立於福州，席未暖即走潮州而死碙州。民國二十二年十一月，陳銘樞等組織「中華共和國」於福州。明年元旦，中央三路進兵，不旬日卽敉平。

經濟與文化之發展　全境山重水複，山地占總面積百分之九十以上，農業發展有限，民食維艱。但山地與海岸線斜交，形成曲折的海岸線，多優良港灣與島嶼，足以招徠海舶；亦刺激居民向海洋發展。宋以船舶多由福州、泉州出進，元祐二年（一〇八七），在泉州增設市舶司，宋元時代成爲全國最繁盛的海外貿易中心。城南有「蕃坊」，爲阿拉伯等國商民聚居處。元初意大利馬可波羅譽爲世界最大商港之一。

對外貿易之發達，關稅之征收，爲政府重要歲入之一。天下郡國利病書云，宋「南渡後，經費困乏，一切倚辦海舶。」（海外諸蕃）宋會要載紹興七年、十六年（一一三七・一一四六）上諭，諄諄以市舶之利最優，頗助國用，宜循舊法以招徠遠人，阜通貨賄，遠勝取之於民。元置市舶司七所，泉州其一焉。明初海禁，始受打擊。但永樂初（一四〇三年）解禁，貿易復興。惜其後擾於倭亂，遂趨衰微。加之淸又海禁，盛況遂不復再。

海禁、雖對外貿易從此不振，卻激起了素來勤奮的閩人勇於向海外別尋洪荒，開新世界，親友相互鼓勵，相率緣引，臺灣、南洋，便成為閩人的天下。閩中成為僑鄉，轉得到商業經濟的滋潤。

其俗始終儉嗇而尙文學。由於山惡水險，開發較遲，到了唐代，晉江歐湯詹始與韓愈同舉貞元八年（七九二）進士。同時舉進士的還有詹的同學莆田林藻。藻父披，弟蘊，皆以明經及第。自朱熹講學考亭（建陽西南），尙學者益衆，觀夫志載各府州縣書院之多，足見人文之盛。

二 臺灣

三國志孫權傳：

黃龍二年（二三〇）春正月，遣將軍衛溫、諸葛直，將甲士萬人浮海求夷洲及亶洲。亶洲……所在絕遠，卒不可得至，但得夷洲數千人還。

亶洲當今日本，夷洲當為臺灣。是繼漢海南島入中國版圖之後，吳又發現東南近海第二大島也。但此後中國長期分裂，未嘗重視，而為馬來種生番所據。隋大業六年（六一〇），虎賁郎將陳稜，嘗至澎湖，東向望洋而返；按隋書本傳但言擊琉球，或云琉球即臺灣也。元始於澎湖置巡司。明又廢之。天啓二年（一六二二），荷蘭人既據南洋諸島爲貿易地，更欲求商港於中國，以十七艘之艦隊犯澳門。澳門爲葡萄人極東貿易重地，中葡遂協力拒之。荷艦退入澎湖。又爲明軍所逐，土人復起攻之，乃退據臺灣（一六二四）。自是次第開拓，築安平、赤嵌二城，又逐西班牙人於島外，改革行政，宏布宗教。其時中國大陸兵亂漸起，避難來臺者衆，中荷移民約相當。

明延平郡王鄭成功自江南敗歸，使其子經守厦門，自率艦隊向臺灣（一六六一年），登陸安平附近，先克赤嵌，荷終以安平降。即以赤嵌爲承天府，置萬年、天興兩縣，管理南北廣大地區。清廷知成功終不可致，遂誅其父芝龍，並實行「遷海」——堅壁清野，徙福建沿海三十里的居民於內地，禁漁舟商船出海。康熙元年（一六六二），成功卒，經自厦門入臺嗣立，猶奉永曆年號也。

三藩事起（一六七三年），耿精忠據福建，乞援鄭氏，許以漳泉二州爲酬，遂渡海合兵攻廣東。既而精忠背約，旋又反正，經退守厦門。時吳三桂卒，調湖南水師東來，康熙十九年（一六八〇），經棄厦門、金門回臺。經卒，王位繼承之爭起，二十二年（一六八三），施琅以戰艦下澎湖，臺灣降。結束二十三年獨立之局。

清代之經營 臺灣既平，清廷以其孤懸海外，易爲賊藪，欲棄之，專守澎湖，施琅獨力排衆議，以爲中國東南形勢在海而不在陸。陸之為患有形，海之藪奸莫測。臺灣雖一島，實腹地數省之屏蔽，棄之則不歸番、不歸賊，而必歸於荷蘭。彼恃其戈船火器，又據形勝膏沃為巢穴，是藉寇兵而資盜糧也。且澎湖不毛之地，不及臺灣什一；無臺灣，則澎湖亦不能守。

於是改承天府爲臺灣府，改置臺灣、鳳山（原萬年）、諸羅（原天興）三縣，使吏治之，隸福建布政使。然其地僻遠，洪荒猶未闢，官民奸宄，多次動亂。較著者：則康熙六十年（一七二二）朱一貴及乾隆五十一年（一七八六）林爽文之亂。前者爲知府王珍稅斂苛虐，濫捕結會及私伐山木者二百餘人淫刑以逞；後者爲知府孫景燧、總兵柴大紀搜捕天地會，焚無辜村聚以相恤所引起。（近代「二二八」事件何嘗不類似）亂定，改諸羅爲「嘉義」，前者事平，析諸羅以北置彰化，所謂「彰顯皇化」也；並置淡水廳於今新竹。於是閩粵人大批的渡海而來，蓽路藍褸，分向嘉南平原以外闢草萊，任土地。雖經多次內亂外患，都在艱苦中克服。其後「一府二鹿三艋舺」口岸淤廢，經濟重心轉移到淡水、基隆，政治重心亦隨之北上。清廷因國際局勢之影響與本島之發展及海疆之國防地位，光緒十三年（一八八七）建爲行省。二十一年（一八九五），三府、十一縣、一直隸州，卻不幸被割讓日本。

日據時代及光復後的發展

馬關條約簽訂，臺灣巡撫唐景崧急電總署：

> 賠費通商則可，與土地則不可。北遼、南臺，二者失一，我將無以立國，外洋誰不生心？宇內亦必解體。戰而失地猶可恢復，和而失地長此淪陷。

懇將割臺事請各國公斷；繼求英法保護；再建議租與各國，我收其稅：列強懾於日本威勢，無敢響應者。於是紳士邱逢甲等乃上「臺灣民主國」總統之印於景崧，建元「永清」，旗用藍地黃虎，檄告內外，略謂

> 今已無天可籲，無人肯援，臺民惟有自主，推擁賢者權攝臺政，事平之後，當再請命中國。

時土客新舊各軍雖有三百多營，富商巨室亦踴躍輸將，究係倉卒烏合之衆，難當素養狼吞之敵，苦鬪數月，援絕敗亡。

日人既償數世之大欲，得扼太平洋西岸之重鎭，遂積極發展。總督府兼有行政、立法、司法與軍事的絕對權力，有計畫的隔離臺灣與大陸的依存關係。大致一九一八年以前，以武

力鎮壓統治；此後採行同化政策；中日戰發，則進一步採取皇民化政策。

經濟政策，則是「工業日本，農業臺灣」。一九〇一年以後，淡水、安平淤淺，漸爲基隆與高雄南北兩港口所取代。殖民經濟發展的策略，在於農業資源的開發與農產加工品的輸出。促進此項快速的發展，在於運輸的暢通，內陸交通，則由鐵路與公路南北貫穿。整個山線鐵路，在一九〇八年完成，一九二二年又完成海線，兩線分於竹南，合於彰化。這兩側的農業加工和農林集散都發達起來。

中日血戰八年，光復臺灣算是勝利的一大代價。也幸而有此寶島畀國民政府播遷。大陸菁英，猶東晉、南宋一樣挾其聰明才智在日本建設的基礎上，加以大災大難的大反省，傾全力圖發展，與中共爭存亡，遂出現經社的奇蹟，與南韓、香港、新加坡被譽爲「亞洲四小龍」！

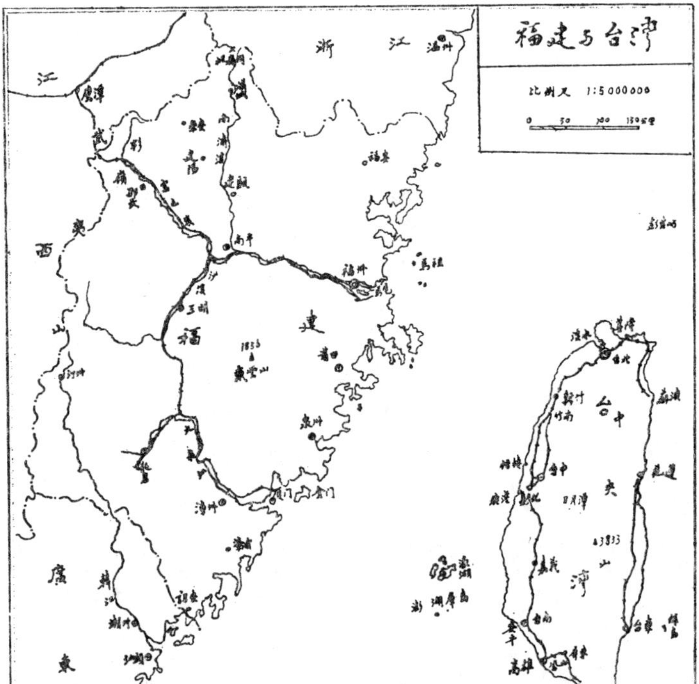
福建与台湾
比例尺 1:5000000
0 50 100 150公里
浙江
福州
南平
福建
泉州
莆田
漳州
厦门
金门
马祖
台中
台北
台南
高雄
台东
嘉义
彰化
新竹
基隆
淡水
日月潭
广东

嶺　南

一

嶺南，越城、都龐、萌渚、騎田、大庾五嶺之南也。西北倚雲貴高原，三面環山，南臨漲海，自成奧區。三國吳分交州置廣州，至宋至道三年（九九七），始以廣信（梧州）分爲廣東、廣西，大觀四年（一一一〇）方成定制。因於地理環境，在中國歷史上常成割據之局。

秦始皇二十六年（前二二一），略陸梁地，使尉屠睢發卒五十萬攻南越，監祿穿靈渠以轉餉。越人擊殺屠睢，乃使眞定人趙佗將卒定之，開置南海（治廣州）、桂林（治貴縣南）、象郡（治越南河內）。秦末喪亂，南海尉任囂病且死，時佗爲龍川令而告之曰：「番禺負山險，阻南海，東西數千里，頗有中國人相輔，此亦一州之主也，可以立國。」屬行南海尉事。佗即守橫浦（南雄）、陽山、湟谿關（英德）。秦已破滅，乃並桂林、象郡，自立爲南越武王。漢高因而封之（前一九六年）。佗自王其國，並役屬閩越、西甌，與漢抗衡，稱帝自娛。甚有文理，析象郡置九眞、日南兩郡。凡五傳，九十七年（前二〇七～一一一），漢武帝始定之，復置南海、蒼梧（梧州）、鬱林（桂林改）、合浦（海康）、珠崖（瓊州）、儋耳（儋）、交阯、九眞（越中部）、日南（越中南部）九郡。惟今之桂林區屬零陵，韶關區屬桂陽，蒼梧則跨有九疑。蓋所以消除五嶺之限，據其險要以刺其變。及孫吳始析零陵置始安郡於桂林，臨賀於賀縣，始與於韶關，而以五嶺界焉。

交阯、九眞、日南三郡，今越南地，兩漢同於內郡。東漢初，錫光、任延守交阯、九眞，教民耕稼，制爲冠履，初設媒聘，始知姻娶，建立學校。馬援平徵側（四三年），立銅柱於象林縣南，與西屠國分界，約當今越南廣順南境；援所至，輒爲郡縣，治城郭，穿渠灌溉。駱越之知禮教與農業，蓋始於東漢之初。三國吳時，蒼梧士燮父子三代爲三郡太守；初，劉表闚伺南土，漢以燮「爲綏南中郞將，董督七郡（珠儋兩郡罷，見下海南島），領交阯太守如故。」封龍編侯。孫吳以交州交阯三郡懸遠，乃分合浦以北四郡爲廣州。廣州之名自此始。

晉義熙初，盧循以廣州叛，六年（四一〇），逼建康，退尋陽，而劉裕遣將循海而南襲廣州，遂潰敗。

唐末，黃巢發桂林，浮湘而下，逾江而東，渡淮而北，入東都，陷西京，禍延全國。嗣劉隱復據嶺南稱「漢」，傳五世，宋開寶四年始平，凡六十七年（九〇五～九七一）。

近代太平天國起金田，出嶺北，據南京，席卷半天下。民初南北對峙，南方之根據地，不半嶺南。六年，廣州組織軍政府，與北京政府相抗。十四年，成立國民政府，明年，國民革命軍發廣州，不朞年而統一全國。

嶺南形勢在於嶺北。漢以吳芮王長沙，南越不能逾嶺；南漢因楚塞湖南，僅一擾郴州。蓋中原多故利於進，承平則未許以割據。時勢固異於攻守，臧否則關係人謀。若文信國、張世傑、蘇觀生、瞿式耜、掙扎於宋明垂亡之餘，知其不可爲而爲之者，爲民族存正氣耳。

二

嶺南地勢向內傾斜，河流遂由三面向內滙合。主流鬱江，上源爲右江與左江，在南寧西邊合流，橫貫廣西南部，至桂平左納出雲南之黔江，稱潯江，至梧州又左納縱貫廣西東部之灘江入廣東爲西江，至廣州三水，納北江、東江稱珠江，亂流入南海。爲嶺南第一大動脈，中國第四大川。全長二千一百二十九公里，流域面積廣達四十二萬平方公里。（長江百八十萬，黃河七十五萬，松花江五十二萬，淮河二十六萬，漢水十七萬。）常年可通航一萬二千公里，幹枝流合計，長達三萬公里。水量超過黑龍江，約爲黃河的八倍，僅次於長江而居全國第二位。

諸川旣滙於廣州，沖積而成肥沃之珠江三角洲。「三冬無雪，四季常花，稻薯三熟，蚕絲七收。」然其經濟地位之重要，不在農而在商。因其面臨南海——海岸線長，故自古獨擅對外貿易之利，文化亦因經濟而日新。

廣州，扼三水之會，遂爲政治、經濟、文化之重心。昔爲南海郡治番禺，號曰羊城，簡稱穗。華南第一大都會，中國之南大門，秦漢至今唯一不衰之海港也。近代不僅未因香港、澳門而衰微，反因之招徠中西轉輸而商業日盛。現爲中國大半貨物出入口，將來港澳收回，（港一九九七年七月三十一日，澳一九九九年十二月二十日）深圳又已開放爲經濟特區，嶺南盛況，益可預知。香港的繁榮離不開廣東；廣東反可以利用這地理的優勢來發展經濟。

文化之泉源，最初來自短小之靈渠。靈渠在廣西興安，秦鑿破越城嶺，分湘爲灕，使北水南流，溝通長江與西江也。其後流寓與謫宦之傳播；更受外洋文化之影響，思想進步，康梁維新之後，國父孫中山先生以廣州爲國民革命之策源地，推翻滿清，建立民國，寫下近代最光輝之史葉。今市人口過三百萬，富庶旣不下於上海，而新的氣象猶有過之。

韶關——曲江，漢元鼎以後屬桂陽郡，三國吳分置始興郡，位於廣東北部，居北江上源湞水與武水之會，扼湘贛之衝，自古爲嶺南重鎭，兵家必爭。今京廣鐵路與粤贛公路交點，又粤北之經濟中心也。

粵東之惠陽、潮州、汕頭，粵西之佛山、肇慶，自來皆都會，今更開深圳、珠海、湛江、對外貿易，嶺南經濟，將預見其繁榮。

三

自秦鑿靈渠，桂東因湘灕通流，得中原風氣之先，水土肥美，比於嶺北。而桂西廣大地區，多爲蠻荒，秦郡漢縣，兩晉南朝以迄於隋，儘管中原改朝換代，似並未影響其世外獨立狀態。以大唐帝國之盛，志誇「南至日南」，而「三管」猶未盡羈縻，西原、黃洞（左江流域）繼爲邊患，垂百餘年。南漢僅桂東郡縣仍舊，桂西僅及南寧。宋平南漢，頗爲務實，省併郡縣，桂西僅一邕州領宣化（南寧）、武緣（武鳴）兩縣。左右兩江纔存永平一砦（崇左），領羈縻州、縣、溪、峒。緣邊堡砦，想改建州城，而樞密院認爲「邊臣希賞，侵擾蠻夷。遂皆廢罷。」（蠻夷傳）因之環州（金城江一帶）蠻稱帝。剛平定，廣源（德保境）蠻儂智高又建國改元，兩廣騷然。雖經狄青平定，但終宋之世無寧歲。元設宣慰、安撫諸司，或改路，似以其同爲少數民族，仍令自治，遂開土司之端。明踵元故事，採唐宋羈縻，建立土司制度。惟中葉漸弛，叛亂時作，王守仁請設「流官」，消弭亂源。清沿明制，「改土歸流」。但設流官之州縣，亦有土官和土司——流土合治，且須仗土司威信。邊區奉法守土者仍得保其爵土。民國新造，繼續改革，迄十八年七月，始全省改流、完成未竟大業。今猶以

「自治」名義羈縻之，亦可見其潛在之勢力焉。

廣西四大城市，簡介於次：

桂林，漢始安縣，歷代郡國省會。當越城嶺之南口，雄踞嶺表，控引蠻荒。因靈渠之溝通湘灕，得中原風氣之先，轉噓嶺南及於雲貴安南。天然山水，馳譽海外。蓋南及陽朔，北至全州，遠古爲一內陸海，海水浸蝕激盪，泥土流失，更因風雨溶蝕，遂多奇峰幽洞。

南寧，蓋漢領方縣地，自晉置晉興郡縣，鬱江中流始漸開發。而左右兩江猶屬荒徼。宋狄青平儂智高，漸及龍州，尚未直通安南也。但經略安南，必以此爲前進基地。自法據安南，更爲南疆重鎮，民國因移省治焉。憑祥之鎮南關，其門戶也。東北崑崙關，自狄青破儂智高有名於史，民國二十八年十二月，白崇禧大破日寇於此，遂解西南之危。

柳州，位於廣西中央，僮傜環之。南通南寧，西達雲貴，東接桂林，衢地也。爲黔南桂北物產之集散地，湘桂黔粵鐵路之轉運站，非復柳宗元所謂「接大荒」矣。

梧州，蒼梧郡治。爲鬱江之樞紐。自明洪武六年（一三七三）畫廉州入廣東，遂成廣西貨物唯一之進出口。輪船直達廣州，小輪可通南寧、柳州，帆船可航桂林。與柳州爲廣西水陸兩都會。宋以前，爲往來安南之中站，出鬱林，道廉州，海道直達，陸路則走欽州遵海而南。馬援征交阯（四二年），吳建衡元年（二六九），晉義熙七年（四一一），唐咸通六年（八六五），石晉天福二年（九三七）之平安南，莫不由之也。

一九六五年，欽廉歸還廣西（懷集歸還廣東），並改北海爲市，陸海貨物直接交通，不受轉輸與中間剝削，貨既能暢其流，人自能盡其利，以桂人刻苦耐勞之特性，必將化除貧窮落後而創造新的富有繁榮。

四

海南島，漢武初置儋耳、珠崖兩郡。昭帝罷儋耳入珠崖（前八二年）。蠻不堪役，殺太守孫幸，幸子豹擊平之。而中國官吏貪其珍賂，漸相侵擾，率數歲一反。元帝復罷珠崖（前四六年。後漢書西南夷傳）。後世以與大陸隔海，離政治中心遠，而利其珍奇，誇其領域，虛設郡縣，常爲放逐罪臣之地，迄未嘗從事開發，不過任其少數黎族生息其間，使吏歛其稅。民不堪其苛毒，憤而殺吏，邊臣以爲「反」也，遂張皇撻伐以希功賞。此古今邊疆僻壤到處有然。如民國二十二年九月，龍勝苗變，亂延環桂八縣，即由稅務員強姦暴歛所引起，而以槍炮對木棍竹矢。倘不責我之不肖，而恣殺憤怒之弱小以要功，此歷代邊疆少數民族之敢於反亂而不息也。

往者，海南爲特別行政區，而附於廣東（宋屬廣西）。今海陸逮通，當太平洋和印度洋、亞洲和澳洲間航運要衝，我與東南亞交往的紐帶，中共遂於一九八八年建省。以本島三萬二千二百平方公里，比臺灣三萬六千平方公里略少，而平地面積較臺灣爲廣，土壤、氣候、農林、漁、礦，比臺灣過之而無不及，欲開放與臺灣看齊。惟各種基本建設落後，短期內不可能吸收大量外資與僑資。但既建爲中國最南之一省，南沙羣島之曾母暗沙島，已在北緯四度，實際的置於行政管轄之下，亦卽實際的把戰略防線一直延伸到南沙羣島，將會扮演防衞南疆的重要角色，必將影響整個東南亞遠及澳洲、印度洋未來的政治與外交也。

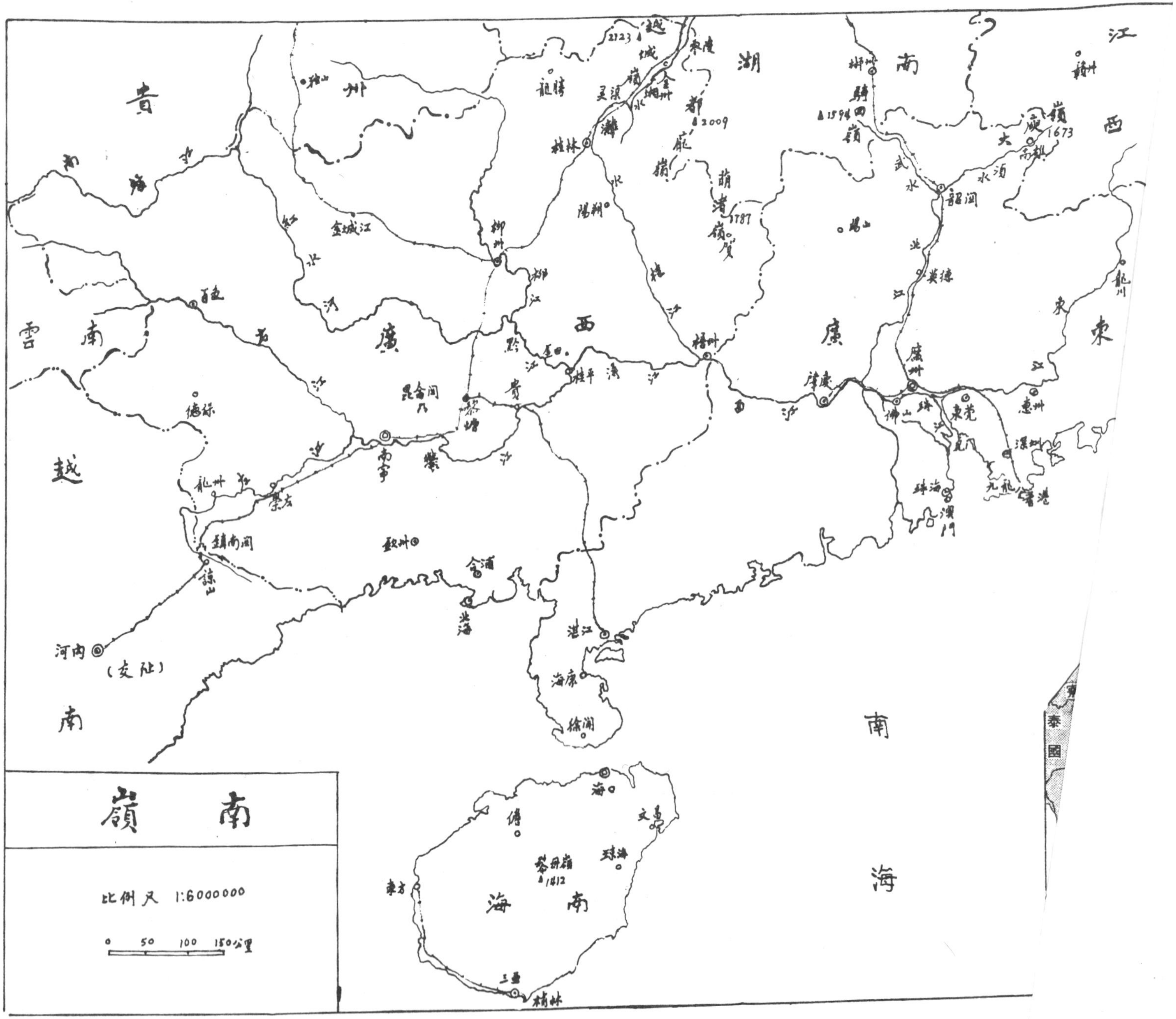
嶺南
比例尺 1:6000000
0 50 100 150公里
貴州
湖南
江西
廣西
廣東
雲南
越南
南海
海南
河內
(交阯)
桂林
柳州
南寧
梧州
廣州
韶關
肇慶
佛山
東莞
惠州
深圳
九龍
香港
珠海
澳門
欽州
合浦
北海
湛江
海康
徐聞
海口
文昌
瓊海
儋
東方
三亞
榆林
五指嶺
龍州
鎮南關
諒山
崑崙關
百色
都龐嶺
萌渚嶺
騎田嶺
大庾嶺
越城嶺
靈渠
興安
全州
賀
連山
英德
南雄
贛州
龍川
賀江
柳江
黔江
鬱江
左江
右江
紅水河
西江
北江
東江
珠江
灕水
武水
湘水
龍勝
貴
桂平
象山
金城江

青藏高原

一　概　況

青藏高原，今青海與西藏而兼涉滇、川、甘之邊境。大體昔爲氐羌及鮮卑——泛稱西戎所居，今則藏、回、蒙、漢雜處，其概況：（主要根據一九八六年六月中國地圖出版社「分省地圖集」）

區別	青海	西藏
面積	72萬平方公里。	120 萬平方公里。
人口	412萬（藏占80萬)。	202萬（藏占 195 萬)。
宗教	佛教，回教。	佛教。
海拔	一般2,500—4,500米。 柴達木盆地2,600—3,100米。	平均 4,500 米以上，喜馬拉雅珠穆朗馬峯 8,848 米，世界最高峯。
氣候	最高 34.7°C，最低 −40°C，日差甚大，無霜期不足30天。	最高 32.8°C˚ 最低−46.4°C 藏南較溫和，無霜期可 120—150 天，日照長。
雨量	年平均 50—700 毫米。	60—1000 毫米。
河湖	冰川廣泛分布。西北內流，東南外流入長江、黃河、北曲河。青海我國第一大鹽水湖，札陵、鄂陵最大淡水湖。其他多鹽湖。	藏北內流，東南外流入雅魯藏布江、怒江、瀾滄江、金沙江、坡陡流急，富水力，無航運。 藏北多湖泊，羌塘一地多至一千五百餘。納木錯爲第二大鹽水湖
物產	日月山以東河谷耕地可 800 萬畝主產小麥、青稞。 畜牧盛綿羊，爲我國出產羊毛主要省區之一，亦良馬之產區。礦產以金、石油、鹽爲主。	靠天放牧，耕作粗放，主產小麥、青稞，產量低。 牲畜牛羊，秋肥多瘦春死亡。 礦產煤、鐵、銅、硼沙、食鹽、芒硝，儲量全國第一，鈾世界第一
交通	從前主要是氂牛，公路只青東約 400 公里，現有青藏、青新、青川、敦格、茶芒等幹線。 鐵路有蘭青、青藏第一期（西寧至格爾木已通車）。	近年已修築川藏、青藏、新藏、滇藏四條省際公路幹線。
主要城市	西寧市、格爾木市、冷湖、大柴旦、玉樹、共和、德令哈。	拉薩市、日喀則、江孜、昌都、林芝、亞東、樟木。

青藏高原的共同特點：地廣人稀，極度信仰佛教或回教；有沙漠，有草原，也有寸草不生的土地（死土）；氣溫低，雨量少，不宜農作；惟青海西寧之東，平川沃野；西藏拉薩之南，氣候溫和，土地肥美，可耕可牧；其他河谷，多仍原始生活，以糌粑（稞麥）酥油（牛乳）牛羊充饑渴。蓋高山深谷，交通困難，限於地理環境，故其貧窮落後，殆與史俱來。

稽諸往史，商頌「氐羌來王」，而商土有限，當不在遠。周初羌從武王伐紂，其後犬戎殺幽王，隴東及伊洛往往有戎。秦將端和且將河內羌瘣伐趙。蓋氐羌原雜居中原——羌、姜姓之別，氐羌則同種分枝。自大荔、義渠衰亡，畏秦之威，餘種西徙，入居河湟，漸及西藏，繁衍百數十種。漢初，匈奴與之聯結，爲西北患。自武帝開置河西四郡，隔絕羌胡，昭帝更置金城郡，趙充國屯田湟中，其勢稍殺，其地始漸開發。晉衰，氐羌復興：巴氐據四川，前秦、後秦統一北方，中原騷然。其後鮮卑吐谷渾自遼徙據其地，雄長百餘年。隋唐時，吐蕃崛起，甚至北出與唐及大食爭得西域；東擾蜀滇。不過經濟困窘，文化低落，建不起宏大之規模政權。然其獷悍，迫於生活，勇於掠奪。元、明亦惟阻其侵奪而宣慰之，而眞正深入統治，實自淸始。

二　青海

君不見——青海頭，古來白骨無人收，新鬼煩冤舊鬼哭，天陰雨濕聲啾啾！（杜甫兵車行）

河湟間，是民族相互壓迫統治的戰場。史稱羌中及大小榆谷，卽氏羌巢穴，常視中原的治亂爲盛衰。其所以爲巢穴者，環青海百數十萬平方公里之土地，唯此可耕可牧，又較近中國政治經濟重心之關中，進取退守，都甚利便——勝則進而擄奪，敗則散入山谷仍然遊牧，社會結構未獲改善，終不免時叛時服也。請略其細而舉其粗：

漢武帝于湟水流域通向河西走廊的要衝——今甘肅永登縣西北築令居塞，通渠置田官吏卒，駐護羌校尉。昭帝更置金城郡（前八一年），領今青海以東河湟二水地區，既加速開發氏羌，又安固河西走廊。後先零羌叛（前六一年），趙充國定之，以萬人屯田湟中（樂都）用軍隊維持占領地區的治安，同時軍墾把草地變成農田，造成城市村落，使遊牧社會進爲農業社會。羌旣站不着腳，於是瓦解，乃置金城屬國以處之。王莽輔政，諷諸羌共獻西海之地，擴大金城郡爲西海郡。莽敗，還據西海爲寇。東漢初，隗囂用其衆以拒漢，囂卒，班彪言：

> 羌胡與漢雜處，數為小吏黠人侵奪，窮恚無聊，故致反叛。宜如舊制置護羌校尉領護，理其怨結，歲時循行，問所疾苦。又數遣使驛通動靜，使塞外羌夷為吏耳目，州郡因此可得儆備。

此與趙充國之屯田，貴謀而賤戰，以蠻夷「避害就利，愛親戚，畏死亡」與我族同之認識，皆甚正確；非若段熲以爲「狼子野心難以恩納，唯當長矛挾脅，白刃加頸耳！」蓋邊將邀功侵刻，殺其父兄，取其子女，嗟怨既多，叛亡隨起；如存問疾苦，以夷制夷，治夷之道，莫善於此。故光武欣然從之，卽以牛邯爲護羌校尉。惜未幾邯卒而職省，後雖復置，惟理軍事，故未幾而先零復叛，寇金城、隴西，來歙、馬援降服之，徙置天水，隴西、扶風。時朝臣以金城破羌（今樂都）之西，塗遠多寇，議欲棄之，援言「破羌以西，城多完牢，易可依固；其田土肥壤，灌溉通流，如令羌在湟中，則爲害不休。」堅持不可棄。帝然之。嗣援破武都參狼羌，奪其水草，羌窮困，亡出塞，於是隴西清靜。永平元年（五八），馬武復破燒當羌於西邯（化隆東、樂都西南），羌遠引去，徙其餘七千口置三輔。其後屢叛屢服，而郡縣畏懦不能制，輒徙以避之。後漢書西羌傳論曰：

> 永初之間（一一〇年），羣種蜂起，遂解仇嫌，結盟詛，招引山豪，轉相嘯聚，穀馬揚埃，陸梁于三輔；建號稱制，恣睢于北地（滇零羌）。東犯趙、魏之都，南入漢、蜀之鄙，塞湟中，斷隴道，燒陵園，剽城市，傷敗踵係，羽書日聞。……自戎作逆，未有陵斥上國若斯其熾也。和熹以女君親政，威不外接。朝議憚兵力之損，情存苟安，或以邊州難援，宜見捐棄；或懼疽食浸淫，莫知所限。謀夫回遑，猛士疑慮，遂徙河西四郡之

人，雜寓關右之縣。發屋伐樹，塞其戀土之心；燔破呰積，以防顧還之思。於是諸將……爭設雄規，更奉徵討之命，……轉輸勞來之費，前後數十巨萬。故得不酬失，功不半勞，……惜哉寇敵略定，而漢祚亦衰焉。

范氏既以張奐盛稱「戎狄一氣所生，不宜誅盡」為迂，而謂「昔先王理疆，判別畿荒，斥遠諸華，薄其貢職」，其迂猶甚于張奐。至責趙充國遷先零羌于內地，馬文淵徙煎當羌于三輔，貪其暫安，志其遠略，猶未檢討內政不修，而徒怪外患之來。爰及晉初，「關中之人，夷羌居半。」（江統徙戎論）八王肇亂，遂為所乘，五胡爭鼎於中原，氐羌盛極於河湟矣。

永嘉（三一二年）以後，吐谷渾興焉。渾本遼東鮮卑，晉時纔百戶西附於陰山，屬晉亂，遂渡隴吞併諸羌而有其地，建立西秦（三八六年）、南涼（三九七年），十四傳而為吐谷渾王，遂為強國，隋以光化公主妻之（五九六年）。煬帝大破之（六〇八年）。其主遠遁，乃置鄯善、且末、西海、河源四郡（六〇九年）。隋末大亂，餘種復回故地，唐貞觀中降，後封為西平郡、河源郡王，自爾衰微。

唐初，吐蕃崛起，高宗時，滅吐谷渾，盡有其地（詳下西藏），乃命薛仁貴討之（六七〇年），而大敗于大非川（青海西布喀河）。後又大敗劉審禮十八萬眾（六七七年），復敗李敬元（六八〇年）。杜詩所謂「新鬼煩冤舊鬼哭」也。

五代以後，吐蕃衰微。其在甘青殘餘，貢馬於宋。西涼六谷都首領潘羅支，願戮力討西夏李繼遷，宋眞宗（一〇〇一年）授爲鹽州（鹽池）防禦使、兼靈州西面都巡檢使；以折逋游龍鉢爲宥州（靖邊）刺史。繼遷敗死，羅支亦陣亡。宋以其弟斯鐸督爲朔方節度使。其後元昊取西涼，羅支舊部南歸吐蕃角斯羅。

角斯羅居宗哥城（西寧東），入貢請討西夏。仁宗授爲寧遠大將軍，愛州團練使，徙居青唐（西寧），數以奇兵破元昊。及潘羅支舊部來歸，又得回紇部數萬，勢益強，旣據有鄯州（樂都），高昌諸國商人趨與貿易，因亦富足。雖忠于宋而無甚建樹。王安石當政，採王韶「欲取西夏，當先復河湟」之議，或以恩結，或以兵討，王瞻取邈川、青唐，復河湟。旋失之。王厚再下青唐，宋遂全有河、湟、洮、岷。然已無助於服夏，自救於衰亡。惟南宋得市馬於宕昌，頗有助於國防。

元滅西夏（一二二七年），並取青海爲章吉駙馬分地，至元二十三年（一二八六年），置西寧直隸州，統於甘肅行中書省，封章吉爲寧濮郡王以鎭其地，及吐蕃朶甘斯等處，屬之吐蕃等處宣慰司。

明洪武十六年（一三八三年），青海來歸，置朶甘指揮使司。正德四年（一五〇九年）始爲蒙古額伯爾所據，屢爲邊患——名曰海寇。後爲俺答占領，而勢亦寖衰。

淸初，和碩（厄魯）特固始（顧實）汗（成吉思汗第十九代孫）自廸化侵占其地，遣使修貢。順治十年(一六五三年),分其地爲左右二翼,謂之西海諸臺吉。青海爲四厄魯特之一,與準噶爾同部,噶爾丹時謀入侵。康熙三十五年(一六九六年)噶爾丹敗死,明年,青海舉部歸誠。又明年,封固始汗子達什巴圖爾爲和碩親王,授諸臺吉貝勒、貝子、公等爵。雍正元年(一七二三年),達什巴圖爾子羅卜藏丹津叛,明年,年羹堯、岳鍾琪平之,青海之患始靖。隨卽議定善後事宜,一如內札薩克例,設官分職,會盟、貢賦、市易,釐訂確細(清史稿列傳五二二)。乾隆二十七年(一七六二年),設西寧辦事大臣,直轄蒙古,番子(藏人)事務。其後剿捕番賊、回匪,最得其力,迄於清末,安固清平。

民初改辦事大臣爲辦事長官。十七年設省,畫甘肅省西寧一道七縣——西寧、湟源、大通、碾伯(樂都)、巴戎(化隆)、循化、貴德及大而瘠苦之蒙藏遊牧區與羌渾遺族之玉樹土司二十五族。境分五部,通稱厄魯特蒙古。軍政大權皆操於回族馬氏,而又集權於「軍長」。經費則利用其軍政權力,除「草頭稅」外,從事與民爭利的羊毛貿易之獨占。經濟雖然困窘,西寧卻大事近代化的建設。近年更分爲藏族六自治州。

西寧市 省會。河湟之核心,西北之樞紐,青藏之門戶。自漢置臨羌縣,二千多年來一直成爲漢民族與其他民族鬬爭的最西據點。後漢末析金城郡置西平郡,嘗爲南涼國都。

塔爾寺　青海最大的喇嘛廟——佛教聖地，在西寧市西南二十六公里，爲黃教始祖宗喀巴（一三五七年）降生地。現在蒙藏兩族所信奉的宗教，獨尊黃教，他保存藏傳佛教，復又傳回西藏。他與拉薩的布達拉寺，日喀則的札什倫布寺，如同三姊妹，關係非常密切（參下西藏）；全部景觀，雖不如夏河縣的拉卜楞寺之整齊，但係宗喀巴降生地，又有金葉蓋成的大小金瓦寺，顯比諸寺爲尊貴。（拉卜楞寺本屬青海循化縣，民國十七、八年青海回軍戰敗藏軍，纔畫入甘肅，另設夏河縣。）

崑崙山　極其廣大，綿亘全境，延伸新疆、西藏、甘肅。長江、黃河皆發源其間。昔人意識形態高峻險遠，山海經造作無稽怪說，後人盲從附會，元以後始漸揭開數千年來之神秘的面紗。

日月山　即赤嶺，在西寧西南，青海之東，是青藏高原出入第一道門限，也是漢番的分界。山之東是莊稼宜人的農業區，以西則是水草豐盛的畜牧地。換言之，他是農牧兩族互市和衝突之地。是唐代漢番百餘年的喋血戰場。雙方訂約八次，彼此國力消耗殆盡，才漸入和平共處時代。但玄宗時，第三次談和，訂立以赤嶺爲界的互不侵犯條約，並刻碑樹於日月山上，不過三年，又起戰火。金城公主死後，交戰尤烈。爭奪最激烈的便是山上的石城堡（遺址猶存），先後八次的戰役中，雙方死亡十餘萬人。最慘的一次，是（七四九年）哥舒翰採取人海戰術，以幾萬人的血肉，堆上城頭，纔奪回彈丸之地——居然改振武軍爲神武軍。李白有詩諷之曰：

君不能學哥舒翰，橫行青海夜帶刀，西屠石城取紫袍。（答王十二寒夜獨酌有懷）

三　西藏

名稱　西藏之名始於清代。包括康（藏東之喀木）、衞（前藏）、藏（後藏）及西鄙之阿里四部。明、元稱烏斯藏，亦仍宋、唐稱吐蕃或西番——今猶習稱藏人爲番子。「吐」字「大」義，卽大蕃國之意。清續文獻通考：「番語稱其地曰圖（土）伯特，卽吐蕃之本音（蕃讀若潘）。」藏人自稱「博巴」（巴，人也）。「博」字卽蕃字之轉音。至稱爲藏族，則自民國創建，五族共和，而以地名名其族也。

西藏的歷史雖始於唐之吐蕃，而藏族爲我國西部大族，其活動必遠早於唐代。只以隔於險遠，不能詳確。有謂猴子的後代；或以其信奉佛教，來自印度；據後漢書西羌傳：「羌無弋爰劍後裔，遂爲諸羌首領，其曾孫名忍者，當秦獻公（前三八四——三六二年）圖霸西戎，忍季父卬畏秦之威，乃率其種人部落而南，出賜支河曲數千里，與衆羌絕遠，不復交通。其後子孫分別各自爲種，任隨所之。或爲氂牛種，越巂羌是也；或爲白馬種，廣漢羌是也；或爲參狼種，武都羌是也。」而「爰劍子孫支分百五十種，內發羌、唐旄等絕遠，未嘗往來。」新唐書吐蕃傳則直認定「吐蕃本西羌屬。蕃，發聲近，故其子孫曰吐蕃。」

羌蓋東阻於強大的漢族，西走而止於雅魯藏布之河谷。河谷自日喀則以下，氣溫較高，雨量較多，水草豐美，於是休養生息，牧於斯，田於斯，寺院在焉，城市興焉。首都拉薩，史稱跋布川或邏娑川，遂成爲政治動力之中心。只須控制此河谷，即可統一內部向外發展。但西阻喜馬拉雅大山，隔絕印度，南北又荒瘠遠甚於己，惟有東出河湟以臨隴西；出松番或雅安以窺西蜀。然皆險遠相對的阻塞，彼此難於深入——今西寧至拉薩青藏公路一千九百四十六公里，拉薩至成都的川藏公路全長二千四百一十六公里。因其本身高原山谷，分布散漫，中心地帶動力有限，除唐時吐蕃狂飈一時之外，迄未再建立第二個強國。蓋一旦失去前進基地，即不易再起。

吐蕃兩尚公主　吐蕃第一位傑出的贊普（雄壯、首領）棄宗弄贊，始於唐貞觀八年（六三四年）遣使入朝，要求與突厥、吐谷渾同等待遇，尚公主。太宗不許。使者還，誑言「天子遇我厚，幾得公主，會吐谷渾王入朝，遂不許，殆有以間我也。」弄贊怒，率羊同（那曲境·古西王母國）共擊吐谷渾（六三八年）。吐谷渾敗走青海北。又破黨項羌（貴德一帶）、白蘭羌（理番一帶），遂勒兵二十萬衆屯松州（松潘）境土，命使者貢金甲，且言迎公主，「公主不至，我且深入。」韓威出戰，反爲所敗。於是附近諸羌皆叛應吐蕃。帝乃命侯君集等分道出擊，敗之。弄贊懼，引還，使使謝罪；固請婚。乃許之。十五年（六四一年），詔江夏王道宗（太宗叔）護送宗室女文成公主於吐蕃，築館於河源（大河堢）。弄贊親迎，見道宗，執壻禮甚恭。公主隨帶釋迦牟尼像入藏（現供奉大昭寺），廣傳佛教。又帶去「治四百零四種病的醫方百種，診斷法五種，醫療器械六種，（醫學）論述四種。」弄贊既迎公主歸，自以其先未有婚帝女者，且慕中國服飾之美，爲公主建一城以誇後世，遂立宮室以居，並自褫氈罽，穿紈綺，禁止國人以赭塗面，崇尚華風；並遣諸貴族子弟至長安入國學，受詩書；復聘儒者入藏掌理書疏。爲加強傳播佛教，派遣留印學人，歸以梵文爲基礎，創造藏文，翻譯經典。西藏佛教之興自此始。

是時唐蕃關係親善。二十二年（六四七），弄贊發精兵從王玄策討平中天竺。高宗即位，以弄贊爲駙馬都尉，封西海王、賓王。請蠶種、酒人與碾磑等諸工，許之。不幸次年（六五〇）弄贊逝世，子死，立其孫爲贊普，年幼，政事決於祿東贊。東贊精幹，善用兵。忌吐谷渾親於唐，大破之。吐谷渾可汗與所尚弘化公主奔涼州（六六三年），吐蕃盡有其地；更西北發展，與于闐連兵取龜玆（六七七年）。於是唐之安西四鎮——于闐、龜玆、焉耆、疏勒並廢，天山南路盡入吐蕃。高宗命薛仁貴進討，大敗於大非川。自後更爲西陲大患。吐蕃既占天山南路及青海，西洱（大理）諸蠻皆降，東接涼、松、茂、嶲（西昌）諸州，南鄰天竺，地方萬餘里，儼然大國也。

祿東贊死（六七九年），四子當國，尤爲唐室害。文成公主卒（六八〇年），雙方關係益疏，擾攘三十年，唐許以雍王守禮女爲金城公主妻其贊普（七一〇年），與以毛詩、春秋、禮記、正字。吐蕃厚賂送公主之楊矩，請准將水草豐美之河西九曲（卽大小楡谷——今臨夏貴德一帶）等地爲公主湯沐邑。自是勢益張，東進亦易，小小入犯邊無閒歲，勝負略相當。開元二十一年（七三三），公主上表請立界碑於赤嶺，爲唐蕃之分境。未幾，吐蕃憤唐背約攻青海西，擊碎界碑。公主逝世（七四一年），雙方關係益惡。値安祿山亂作，乘調隴西兵東守潼關，盡取隴西地，且入長安留十五日乃走（七六三年）。又陷劍南、西川諸州。終代宗世無寧歲。

德宗欲懷以德，結「淸水之盟」（七八三年），約以

唐地：涇州右盡彈箏峽（平涼西），隴州右極淸水，鳳州西盡同谷（成），劍南盡西山、大度水。

吐蕃守鎭蘭、渭、原（固原）、會（會寧），西臨洮，東成州，抵劍南、麼些（雲南麗江）諸蠻。大度水之西，南盡大河，北自新泉軍（靖遠）抵大磧，南極賀蘭駱駝嶺。

其間為閑田，二國所棄，戍地毋增兵，毋創城堡，毋耕邊田。

是唐之河西被切斷。未幾，請蕃平朱泚之亂，索伊（哈密）、西（吐魯番）、北庭以爲酬，而唐薄其勞，僅償帛萬匹。於是涇、隴、邠、寧、鹽、夏、銀（米脂）、麟（神木）諸州，皆蒙戰禍。

貞元三年（七八七），「平涼之盟」，而吐蕃刼盟，殺俘唐官兵千餘人。沙陀、北庭、安西相繼陷於吐蕃。而是年、德宗以親女咸安公主尙回紇，回紇稱「半子」願爲君父除吐蕃，由是吐蕃備多力疲。

穆宗初，吐蕃求盟，劉元鼎深入其國就盟（八二三年），立「甥舅和盟碑」。（漢藏文字，今存**大招寺**）後吐蕃內亂，中樞政權力不及遠，其散處各地部衆，亦各自爲謀，因而王國瓦解，君臣不知所終。而唐雖乘機收復關隴河湟，亦因內亂日就衰亡。

烏斯藏政敎合一　五代及宋隔絕，元初方爲武力所劈開。忽必烈恐宋不易取，乃自臨洮行山谷二千餘里，渡金沙江而南（一二五四年），取雲南大理，定鄯闡（昆明），吐蕃蓋爲其囊括。及忽必烈卽位（一二六〇年），以吐蕃地廣險遠，俗獷好鬪，思有以柔化之，乃定佛敎爲國敎，封敎主八思巴爲大寶法王（一二六九年），加大元帝師之號（一二七九年）。

於其地置烏斯藏（管蒙古軍）納里、迷古、魯孫等三路宣慰使司都元帥府，及管民萬戶府，領於帝師。中央立宣政院，其一二層高級人員必以僧爲之；帥臣以下則僧俗並用。軍民盡歸其統理，因而帝師的命令與元帝的詔勅，同時並行，遂形成「政教合一」制度。

明初定陝西（一三六九年），懲唐室吐蕃之亂，仍元舊制，恩威並濟，因其俗尚，化導爲善，乃遣使往諭，舉元故官赴京授職。南加巴藏卜及故國公南哥思八亦監藏等於洪武六年（一三七三）入朝，上所舉六十人名。太祖喜不勞師旅，共效職方之貢，悉授以職。並置指揮使司二，曰朶甘（青海），曰烏斯藏；宣慰司二，元帥府一，招討司四，萬戶府十三，千戶所四；即以所舉任之。尋改烏斯藏爲行都指揮司。又以其地皆食肉，倚中國茶爲命，設茶課司於四川天全縣，令以馬市。諸番戀貢市之利，且欲保世官，不敢爲變。成祖更增置烏斯藏牛兒宋寨行都指揮司，必里（必赤里——貴德？）、上印部二衞，使世守其地，遂形成青、甘、川、康一帶的土司制度（今猶有存者）。復封大寶法王等八王及大國師，西天佛子等美號以寵之，俾轉相化導，共尊中國，以故西陲宴然，終明世無寇患。

政教合一，必須述及佛教的革命家宗喀巴其人。宗喀巴者，藏語西寧人也。本名羅桑札巴，生於元至正十七年（一三五七），十七歲入藏學經。時藏喇嘛皆紅教，紀律廢弛，生活腐化，本印度之習，娶妻生子，世襲法王，專指密咒，流極至以吞刀吐火炫俗，盡失戒定慧宗旨。宗喀巴乃取各家所長，革新教旨，嚴肅教規，禁止娶妻飲酒，尚苦修，深得人心。因黃其衣冠與紅教別，遂稱爲「黃教」，漸爲當政者所借重，政教大權遂漸轉移於黃教掌握。乃遺囑二大弟子，世以呼畢勒罕（化身）轉生，演大乘教。達賴（無上）、班禪（光顯），卽所謂二大弟子也。以後世爲師弟，直至於今。

達賴三世，立於嘉靖二十二年（一五四三），黃教勢力推廣至於青海及蒙古，俺答亦崇信之，迎達賴至青海，許在歸化、西寧立喇嘛廟，遂使蒙古亦改宗黃教。而藏中紅教之大寶、大乘諸法王，皆俯首稱弟子，皈依黃教，化行諸部，諸番王徒擁虛名，不復能施號令。自是政教大權遂集中於達賴。

清始入駐官兵，具完全之主權。明末清初，青海、喀木爲固始汗所據。衞則爲黃教所掌握，五世達賴之第巴（總理兵刑賦稅）桑結，與藏之紅教護法失和，乞師固始汗殺藏巴汗（一六四二年），奉班禪居日喀則之札什倫布寺，紅教從此衰亡。達賴乃以喀木酬固始汗勛；固始汗命其子達顏爲汗鎭其地；於是而形成前藏、後藏之局面。此正清入關之年也。前一年（一六四三），達賴已與清通使。順治九年（一六五五），達賴入覲，封爲「西天大善自在佛」。

桑結陰險，既引固始汗滅藏巴汗，復引準噶爾汗噶爾丹潛襲青海；同時殺達顏汗而復有其地。達賴圓寂（一六八二年），詭言入定，獨攬政教大權，且矯達賴命，騙得清室封爲土伯特王，益跋扈囂張，陰祖噶爾丹入侵喀爾喀，又嗾鬭中國以樂禍。復因立達賴六世，圖害拉藏汗（固始汗孫）以固政權，而被拉藏汗所殺，別立達賴。康熙三十五年（一六九六），清敗噶爾丹，由俘虜始悉達賴早已脫緇，因封拉藏汗爲翊法恭順汗，鎭藏地，政教又復分離。四十七年（一七〇八），以拉藏汗與青海不睦，遣侍郎赫壽協理藏務，是爲西藏設官辦事之始。然猶不常置也。

先是，拉藏汗所立達賴，不爲青海諸部所信服，別立達賴坐床於青海。準部策妄（噶爾丹之姪）乘眞僞達賴之爭，潛師南下，陷拉薩（一七一七年），殺拉藏，幽達賴，藏中大亂。康熙帝以西藏屛蔽青海、滇、蜀，若準夷盜據，邊疆將無寧日。遂遣皇十四子允禵爲撫遠大將軍屯西寧，平逆將軍延信出青海，定西將軍噶爾弼出打箭鑪。策妄前後受敵，奔回伊犁。時藏官民以達賴法座久虛，承認青海所立之達賴爲眞，五十九年（一七二〇），送至拉薩坐床。清留蒙古兵二千駐藏，以拉藏汗舊臣索濟鼐掌前藏事，臺吉頗羅鼐掌後藏事。並留延信駐藏。此爲中國政府軍官駐藏之始。

雍正五年（一七二七年），康濟鼐被殺，頗羅鼐平亂，清封爲郡王，總前後藏事。清留大臣正副二人，領川、陝兵二千，分駐前後藏。駐藏大臣三年一代。是爲清正式建立駐藏大臣制度。又收巴塘、裏塘隸四川，設宣撫司治之；中甸、維西隸雲南，設二廳治之。明年，又正式以後藏地賞予班禪五世。班禪雖轄地僅達賴十分之一，正因大小懸殊，後藏爲自保計，一直親近中央恭順至今。

朱爾墨特（頗羅鼐子）之亂（一七五〇年），四川總督策楞入藏討平之，清室乃一變昔日對藏之政策，廢除汗、郡王、貝勒、臺吉等封號，而改設四噶卜（布）倫（略同內閣）分掌政務，以達賴總其成，駐藏大臣監理之。至是（一七九二年），議定善後章程：駐藏大臣與達賴、班禪平等；噶卜倫以下由駐藏大臣選授；前後藏番歸遊擊、都司節制訓練；自行設鑪鼓鑄銀幣，設糧務一員監督之。於是政教分離。我國在藏始具完全之主權。同時頒行金本巴（瓶）掣籤法，掌握西藏宗教領袖達賴、班禪轉世坐床之大權。

西藏本可從此安固，穩定開發，改善社會結構，殊清末英俄兩大勢力南北逼來，情勢驟變。英尤因印度近便，獨佔優勢。英圖西藏，其最大陰謀欲由藏入川，與其在長江流域之勢力相會合，以囊括我華中與華南之權利。其步驟：始奪我藩屬廓爾喀（尼泊爾・一八八五年）、錫金（哲孟雄・一八九〇年）、不丹（布魯克巴・一九一〇年）爲其保護國，繼而攻陷拉薩（一九〇四年），十三世達賴奔庫倫，乃與班禪締結「英藏和約」，開亞東、江孜、噶大克爲商埠；並約定「西藏土地非先得英許可，無論何國皆不准有讓賣、租典或別項出脫事情。」直無視我國之主權。清使幾經交涉，方改訂「藏印續約」（一九〇六年），承認西藏爲我領土；但畫定爲英國勢力範圍。又明年（一九〇八），議訂「藏印通商章程」十五款，除中英簽押外，並有西藏噶卜倫汪曲結布隨同畫押，開中、英、藏三方並列之惡例，啓藏民極大之轉變；始而仇英，繼由畏英而親英。清廷以睦鄰之計爲固圉之謀，以趙爾豐爲川滇邊務大臣，經營川康：改土歸流，屯墾練兵，東衞川滇，西護西藏，並擬設西康行省。殊達賴回藏，復謀叛亂，清命川督趙爾豐、駐藏大臣聯豫進討（一九一〇年），軍抵拉薩，達賴奔印，求援於英。詔革其名號，以班禪代理教務。而英除派兵入藏向清廷抗議外，居達賴於大吉嶺以爲奇貨。會辛亥革命，新達賴尚未選出，英納舊達賴回藏，驅逐官軍，宣布獨立，入寇川邊。

民國以來的獨立與自治　民國元年（一九一二），總統袁世凱派四川都督尹昌衡爲征藏總司令，收復巴塘、裏塘。達賴求援於英，英提五款，大要中國不得干涉西藏內政，行使與內地同樣之行政權，及派軍駐藏。如不承認各款，英卽不承認民國政府。袁氏不得已接受其要求；並恢復十三世達賴封號。中、英、藏在印度森姆拉會議，英企圖徹底排除我在藏主權，使藏獨立自主，便其操縱。幾經折衝，因歐戰發生及北洋政府戰亂，遂暫擱置。

民十七年北伐告成，明年，派專員赴藏慰問，達賴表示服從中央。不意十九年康藏再度發生糾紛，迄二十一年雙方簽訂以金沙江爲防守界線和約。（民三年以康地為川邊特別區，十三年改西康省，今廢入四川省，仍以金沙江為界。）明年，達賴圓寂，中央派黃慕松爲致祭專使，二十三年八月抵拉薩，順便提出西藏爲中國領土應服從中央等三款；而西藏的具體答覆十條，與黃使所提意旨距離過遠，遂未與再議。

二十七年，在西寧覓得今十四世達賴，中央派吳忠信於二十九年至拉薩主持坐床大典，此為民國對藏第一次行使主權。明年，為長期抗戰需要，擬由印度經西藏辦理驛運至渝；一方由印度東北經藏邊及藏軍所駐之察隅地區至雲南，修築中印公路，竟均被拒絕。

勝利後，印度獨立，不再有英國撐腰，乃特派代表團至京慶祝。三十五年舉行制憲國民大會，西藏地方派代表十人出席，中華民國憲法第一百二十條遂有「西藏自治制度應予以保障」之條文。三十八年中央退處廣州，乃以杜絕中共入藏為藉口，強迫中央駐藏人員於七月八日離藏。

一九五一年與中共簽訂「和平解放」協議十七條。五九年達賴出走印度，流亡至今。中共開始推翻舊有封建農奴制度，進行民主改革。六五年正式成立西藏自治區。八四年四月，由北平、上海、天津、江蘇、浙江、福建、廣東、山東和四川九省市，按照西藏提出的要求，幫助建設四十三項迫切需要的中小型工程，包括電站、旅館、學校、醫院和文化中心等。而這些工程，須是「鑰匙工程」，即全面配套好，到時交給藏方一把鑰匙便可投入使用。當時全國動員，不惜抽調物資支援。格爾木是運輸中轉站，最多時，一天有八百輛卡車開向西藏。各省市的包工隊更絡繹不絕於途。但一向經濟文化落後，這些建設能否充分發揮應有的功用，頗令人懷疑。

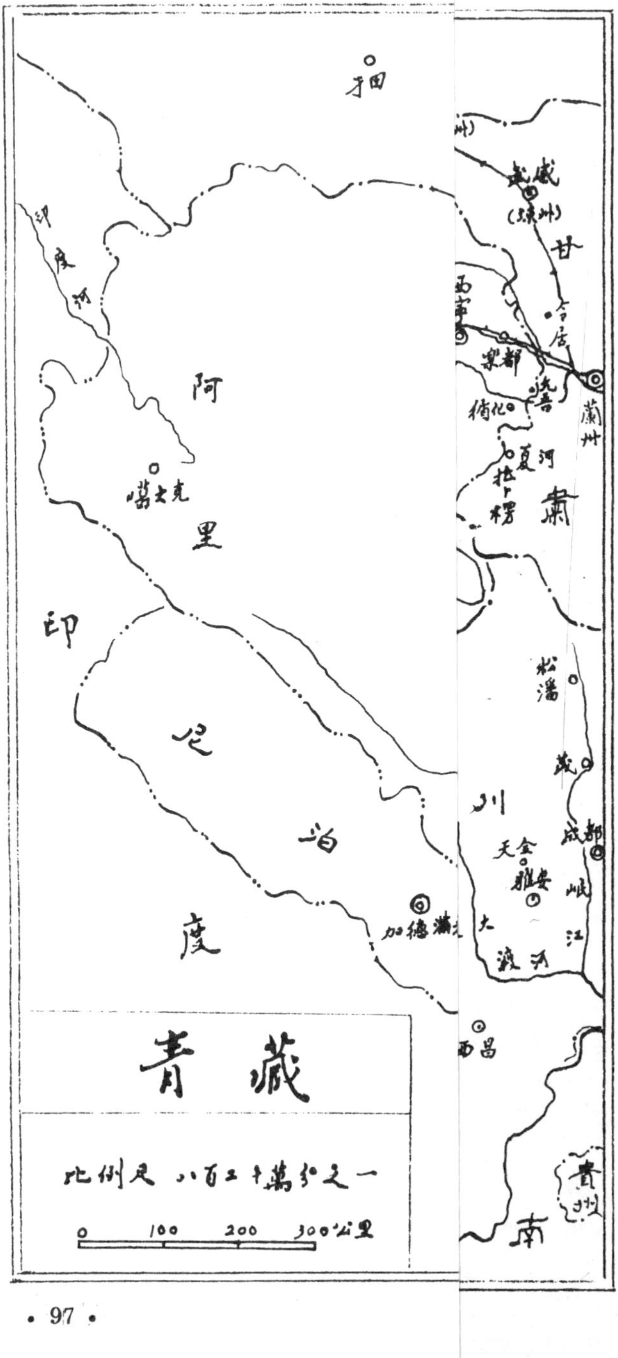
青藏
比例尺 八百五十萬分之一
0 100 200 300公里
阿里
印度
尼泊
甘
肅
蘭州
西寧
樂都
循化
夏河
拉卜楞
松潘
成都
川
天全
雅安
大渡河
岷江
西昌
加德滿都
南

新疆

一　史地述略

新疆，即令新疆省。漢唐西域之核心地帶也。漢初茫然不明其景象。漢書西域傳云：「自宣、元（西元前六〇年頃）後，單于稱藩臣，西域服從，其土地山川王侯戶數道里遠近詳實矣。」據所列五十五國，屬都護者四十七，皆近南北兩道。葱嶺外，有大宛、大月氏、康居等八國，不屬都護。其口過萬者，只鄯善、扜彌、于闐、難兜、莎車、疏勒、烏孫、姑墨、龜茲、焉耆等十國，與大月氏、康居、大宛三國而已。兵過千者不過二十三國，小國寡民，而地方遼闊，沙漠阻隔，勢難憑其自力統一。而又處於游牧民族之間，蒙、藏、回、準環伺，不時進入掠奪。

*　*　*　*

自漢武帝以匈奴爲北邊患源，而橫亘北疆，役屬西羌及西域，補給軍實，東西呼應，必須「遠交近攻」，「以夷攻夷」，尋求與國，斷匈奴右臂。張騫乃擔任此破天荒的鑿空任務。

騫去西域十餘年（前一三八——一二六），雖未得要領，但略知天山南北土地肥沃，水草豐美，宜牧宜耕，因有行國與居國。天山南麓塔里木大漠橫亘，形成一大盆地，隔絕交通。惟盆地邊緣，南北兩道，山重水複，自成若干地理環境，民族亦甚複雜，不相統屬。惟其不相統屬，勢力單薄，最易縱橫捭闔，常爲外來勢力所統治。（與蒙古之鄂爾渾河、西藏之雅魯藏布江之貫串易於統屬、組織强固之政治系統者迥殊。）不過道遠難致。然河西走廊，其地宜農宜牧，可屯畜生息，爲軍需最佳之補給站。如取得此一介戎羌之間、居咽喉之地，卽可進攻退守。前一二一年春，票騎將軍霍去病出隴西，破匈奴，其夏，過焉支山千餘里；復從居延下祁連。西河舊事云：匈奴失焉支山而悲歌之曰：「失我焉支山，使我婦女無顏色；奪我祁連山，使我六畜不蕃息！」不僅此也，其秋，渾邪王竟殺休屠王來降；漢卽開置酒泉、武威兩郡，嗣又分置張掖、敦煌，並斥塞卒戍田之；築玉門、陽關，扼南北兩道。其後更置金城郡，加強四郡兩關的後勤支援。漢之奪取河西走廊，在於戰略性的自衞占領，不同於匈奴的征服而搾取其物資。漢且不惜厚與物資謀致只須服從領導之與國，以建立共同防禦之體系。

騫既鑿通，使者相望於道。西域諸國、皆遣子弟入貢爲質。於是更自敦煌西至鹽澤起亭障，而輪臺、渠犁，皆有田卒數百人，置使、校尉領護，以給外國使者。其後又田車師、伊吾、伊循。「屯戍合一」，構成整體戰略基幹，毋須內地長途轉輸，故桑弘羊以爲

> 輪臺東捷枝、渠犁皆故國，地廣，饒水草，有溉田五千頃以上，處溫和，田美，可益通溝渠，種五穀，與中國同時熟，可遣田卒詣故輪臺以東，置校尉三人分護，各舉圖地形，通利溝渠，務使以時益種五穀。張掖、酒泉遣騎候司馬為斥候，屬校尉，事有便宜，因騎置以聞。田一歲，有積穀，募民壯健有累重敢徙者詣田所，就畜積為本業，益墾溉田，稍築列亭連城而西，以威西國，輔烏孫，為便。（西域傳）

弘羊此一構想，軍屯一年後，轉交民屯，逐步擴大寓兵於農，改變邊疆同於內地農業社會，不但紓一時之患，實爲久長之計。只以武帝遭巫蠱之痛，悔李廣利取大宛天馬及降匈奴，年老倦勤，思稍靜養。昭、宣繼續努力，屯田車師，匈奴勢蹙，罷僮僕都尉（前六〇年），結束西域統治，南北兩單于且爭遣子入侍朝獻。漢即命鄭吉並護北道，號爲「都護」。都護之置自吉始。「都護督察烏孫、康居諸外國動靜，有變以聞；可安輯，安輯之；可擊，擊之。」故漢書大書特書曰：

漢之號令班西域矣！始自張騫而成於鄭吉。

及王莽貶易侯王，西域怨叛，乃復役屬匈奴。匈奴斂賦重刻，諸國皆不堪命；常念漢與而無取，懷德效忠。但東京之初，憚於遠略，迄明帝、以匈奴脅迫西域諸國共寇河西，城門晝閉，始以西域不定，則邊患不息。因有所謂「三絕三通」。賴班超父子堅持「以夷攻夷」之策，運用其卓越膽識，取伊吾（七三年），別開「新道」，南接敦煌，西通車師，扼鄯善三道之衝：長劍橫揮，立斷匈奴右臂，大破北匈奴（九一年）——北匈奴不知所終。西域既平，即以班超爲西域都護。其子勇，繼志承業，爲西域長史。元嘉（一二二年）以後，諸國自相陵伐，分崩離析，而莫能懲，浸以疏慢。

魏、晉、南北朝，國家多故，統治乏力。但永寧（三〇一年）初，張軌任涼州刺史，猶立高昌郡。後涼、北涼尚領西域東南隅。其後北魏與柔然爭。至正光二年（五二一年）始絕。當元魏與柔然爭，柔然與嚈噠合作，後遂爲嚈噠所奪，侵及波斯（伊朗）。及突厥滅柔然，波斯乃助突厥滅嚈噠，突厥遂爲西域之主人。

隋煬帝命裴矩經略西域（六〇七年），相率入貢者三十餘國，置西域校尉，並設鄯善、且末二郡。以武威、張掖爲國際貿易中心。裴著「西域圖記」四十四國，即聞自各國商人。

唐代國力發揚，再建西域霸權。太宗既破突厥，命侯君集移師西征，以伊吾爲前進基地。貞觀十四年（六四〇），平高昌，置西州、庭州（孚遠縣北），設安西大都護府（六五八年從龜茲——庫車），治天山南路及波斯以東地。高宗復滅西突厥，收阿爾泰山以西地，武后時（七〇二年）置北庭大都護府於庭州，以治天山北路。並置龜茲、于闐、碎葉、疏勒四鎭，崑陵、濛池二都督府及府、州百餘，各配戍兵。其府州委以自治權於其地方領袖，而中樞握其統治權。開元（七一三——七四一年）間，吐蕃猖獗，寇擾安西；西方之大食，亦於斯時崛起，東侵西域，三強遂起衝突。會安史亂，不遑西顧，西域霸權，遂分讓與大食、吐蕃。計唐有西州一百五十二年，有庭州凡一百五十一年，龜茲前後一百二十二年。

吐蕃之統治西域不及百年，回紇由河西取西州（八六六年），奄有天山南北，西及波斯東境。北宋末，始服於西遼。元起漠朔，滅西遼（一二一二年），隨爲察哈臺汗國之大部。惟吐魯番以東，元設別失八里（迪化）、阿力麻里（伊犁）、曲先（敦煌以西）三元帥以治之。

明代只於哈密一帶設幾個羈縻性的衞所，藉以防禦蒙古。正德八年（一五一三）爲吐魯番所併；而察哈臺汗國亦一直內亂頻仍，世系消失，山北爲瓦剌（卽後之厄魯特四衞拉特蒙古）所據，山南則爲巴什伯里、葉爾羌、吐魯番分割；終歸和卓所控制。

清初、天山以北爲準噶爾所占領。準部元太祖弟哈薩爾之裔，四衞拉特之雄長，最爲西北之大敵巨患，但亦爲開拓之招引者。因其越阿爾泰山入侵蒙古，清軍致討而併蒙古。康熙、雍正之於準部，原無深入犁庭之意，只以雄據伊犁，又越天山攻占回部，威脅蒙古青海西藏，會其內亂，一舉蕩平，因逐逃亡，遂全有山北山南，乾隆帝命曰「新疆」。準回既定，土爾扈特亦脫離俄羅斯與唐努烏梁來歸，隸於烏里雅蘇臺之定邊左副將軍及科布多參贊大臣。於是漠北、新疆悉入版圖，青海同於內地，西藏解除威脅。不然，西力東漸，英如由印度進入西藏，與緬甸連成一氣，我西南便永無寧日。俄如據有新疆，將如左宗棠所云：「不僅陝甘之憂，卽燕晉內外蒙古將無息兵之日！」既而天山、葱嶺以西諸國，亦畏威相率稱臣。魏源之言曰：

方王師戡定準回，已拓版圖周二萬餘里，豈尚有意貢譯於聲教不通之區，臣妾於葱嶺以西之部，而天時人事，展轉輻輳，若有意、若無意，不鞭笞而就我銜勒，不招致而附我藩墉，故阿逆（阿睦撒納）之叛逋，為準部之大不幸，而左右哈薩克卽以阿逆之逋而臣貢；而和卓之叛逋，亦為回疆之大不幸，而布魯特及葱嶺以西諸國，卽以兩和卓之逋而臣貢。蒼蒼者若必舉天山之南北，葱嶺之東西，居國行國，侏儒椎結睢盱之民，盡以畀我大清而後已。豈前代發輶軒，賫金幣，鑿空招攜，所幾及萬一者哉！（聖武記卷四）

蓋天留此地大物博之鴻荒以待英明也。其經始也，仍不免如漢唐文弱之曲士，持「修文德以來之」的陳腐觀念，以其險遠勞費，如魏源之所痛斥（見同上）。日人重野安繹亦有客觀的論辨：「凡建國本於武則強，基於文則弱。漢唐元淸用武力，故拓地萬里，而世儒偏主文德，動輒舉窮兵黷武之說，此其意在警戒人主，而不達建國之本，知武之害而不知文之弊也。」（支那疆域沿革圖敍）漢唐年遠姑不論，淸之戰敗吾人僅知賠償割地，而未算及當時被砲火摧殘我地方之生命財產的數字無法估計。更痛心者，日俄迫我劃定領土進行戰爭，迫我嚴守中立，俄所失敗者，撮得我之權益轉讓於日，而池魚之殃爲何如？倘我有強大之武力，豈甘任由外人之蹂躪！又如二次大戰，多以日用武而自食惡果矣，日敗而我勝矣，反觀現在日之富強，而我傷重難復，何者？彼強我弱，以致戰爭在我國土進行，我成焦土。日俄英美之所以富強康樂，莫不由於強大之武力保護其本土，把戰爭轉移於國外也。好武固不好，文德其可靠乎？

溯維漢唐，亦惟抵抗北方之侵略，基於軍事之要求，不惜一時之痛苦，以求最後之勝利。惟既勝利矣，而猶自損國力以饜其欲，是戰敗固損，戰勝亦失也。雖屬國徧天下，何益於我國家民族！外人則不然，彼得一地，而其地永爲其所有；我得一地，曾不足以保持之至於再世。彼多得一地，而母國日以繁榮（如香港爲英國東方之珠）：我多得一地，而宗邦反日加騷累（如漢唐之於朝鮮西域安南）。若是者何？彼以闢地而殖民，雖勞費於一時，而獲無窮之償於百年。闢地同，而所以闢地之目的不同也！（梁啓超張班傳最透闢沈痛，最値閱

讀）雖然，漢唐未能善盡其長治久安，而帶動歐亞廣大地域經濟文化之交流，其利亦溥矣！（說詳下）

復次言新疆，咸同間，回亂起，俄人乘之，進據伊犁。幸左宗棠排斥衆議，輿櫬西征，於光緒三年（一八七七）收復全疆之日，奏覆「統籌善後全策」，提出建省之議，（道光初，龔自珍早經提議）以爲長治久安之基。主張設新疆總督治烏魯木齊（廸化），巡撫治阿克蘇，將軍駐伊犁，都統駐塔城。六年，左氏被召入京，薦劉錦棠自代，劉復力主建省，八年，伊犁收復，清廷乃授劉氏爲新疆省首任巡撫。明年（一八八三）正式設省。然葱嶺以西已非我有，卽沿邊地帶，亦爲強鄰所蠶食。

自入民國，軍閥割據，國內紛擾，新疆幸能閉關自守。楊增新繼袁大化主政（民元至十七年），解決伊犁糾紛，繼平哈密回亂，取締哥老會，統一阿爾泰，全疆底定；對外則援科布多以抗外蒙，阻入侵之俄哈與白俄；於英俄兩大侵略勢力及國內情勢紛亂之下，能保全疆土，維持穩定局面，頗有足稱。不幸楊氏見忌被刺，金樹仁因平亂取得執政（十七至二十二年），措施乖方，擅簽「新蘇協定」，予蘇俄經濟搾取，大失人心。馬仲英繼哈密變起，亂禍彌漫全疆。金倉皇遁走，盛世才取得政權（二十二至三十三年），倒向蘇俄。紅軍入新，飛揚跋扈，盛不堪忍受，歸附中央。然蘇俄勢力深入堂奧，挑撥民族感情，製造地方動亂，盛離新赴渝，伊寧復在蘇俄操縱指使下掀起大規模變亂。吳忠信啣命赴新，下車伊始（三十三至三十四年），以天理、國法、人情爲治新標準，於動盪中尚多建設。無如盛雖去職，而遺下民族裂痕，難於彌補，哈族仇視漢人，維族卑視哈族，漢族更卑視各族之文化落後，變亂愈演愈大，全疆鼎沸。三十四年八月，蘇俄因「中蘇友好同盟條約」關係，改攻勢爲政治的奪取，親蘇的張治中遂於是年以西北長官身份兼主新政，周旋於中蘇之間。但張旣諂事蘇俄，復媚中共，無法收拾靡爛局面，乃推麥斯武德（三十六至三十七年）登臺，而伊寧方面不與合作，張治中調麥離新，另易蘇俄同意之鮑爾漢爲主席（三十八至四十四年），四十四年十月，中共撤銷省制，成立「新疆維吾爾自治區」以迄於今。

* * * *

自漢武開西域，唐設官分治，淸建設行省，慘淡經營，主要因素，無非爲完成整體之國防。左宗棠有言：

> 重新疆所以保蒙古，保蒙古所以衛京師。西北指臂相連，形勢完整，自無隙可乘。若新疆不固，蒙古不安，匪特甘陝山西各邊時虞侵略，防不勝防，卽直北關山，亦將無安眠之日。

蓋新疆東接長城，南連西藏，東北與外蒙相接，西南與印度、巴基斯坦及阿富汗爲鄰，西北與蘇俄接壤。而世界屋脊的帕米爾高原，擁建瓴之勢，控制八方，居亞洲大陸之中心，爲我國西北之天然屏障。以言國防，無論任何時代，必須採取攻勢的。否則，不足以安內而攘外，不足成爲「亞洲的中國」，更何論「世界的中國」。

二　國際經濟文化之交流

海通以前，西域爲東西大帝國角逐爭雄、經濟文化交流之場。海通以後，該地區聲勢似卽消沈，而實爲英俄兩帝國所侵略、所阻隔。但俄至今仍保持優勢，威凌中亞，權衡東西。蓋海洋國防其最後目標仍在陸上：今空權又將代替海權矣。

自張騫「鑿空」，接觸西方文化，中國迅卽參加此一國際市場。西域諸國，始亦驚覺東方有此富美之強大帝國，遂仰慕而向化。於是三大文化主流，相激相盪，交光互映，從而各自影響開新境界。

騫第二次出使烏孫，卽率領龐大的使節團前往，而分遣副使往通葱嶺東西諸國——遠及安息、身毒。其後、益發使往。大宛傳云：

> 諸使外國，一輩大者數百，少者百餘人。人所齎操，大放博望侯時。其後益習而衰少焉。漢率一歲中使者十餘，少者五六輩，遠者八九歲，近者數歲而反。

漢使所齎操，蓋有中國特產之絲織品，輾轉而傳至希臘、羅馬，價同黃金。西方人因盛稱中國為「絲國」，於是而有所謂「絲道」或「絹道」。西人重利言商，遂誤認漢武帝對於中亞的通商同軍事前進的政策並重。斯坦因在其所著「西域考古記」第二章，竟謂

> 中國經營中亞政策的開始，卽決定了他們為着貿易的利益起見。最要緊的是利用這新開的道路以為中國的製造品——特別貴重的是絲織物，求得新的市場。

殊不知其時漢廷「重農抑商」——中國政府亦從來未鼓勵商人從事「經濟侵略」，更不曉爭奪所謂「國際的貿易權」。漢初對於西域景況根本茫然空虛，故大書特書「張騫鑿空」。而其動機，純為消除北方匈奴之患，斷匈奴右臂，與貿易毫無關係。自控制南北兩道，漢使纔了解西方國家之所需，纔漸興起貿易之慾望。大宛傳明言

> 自博望侯開外國道以尊貴，其後從吏卒皆爭上書，言外國奇怪利害，求使。天子為其絕遠，非人所樂往，聽其言，予節募吏民，毋問所從來，為具備人衆遣之，以廣其道。……其吏卒亦輒復盛推外國所有，言大者予節，言小者為副，故妄言無行之徒，皆爭效之。其使皆貧人子，私縣官齎物，欲賤市以私其利。

是騫卒以後天子「以廣其道」——配合軍事政治之需要，以發展國際關係，給予「求使」者貿易性的派遣，並非商業集團爭奪國際市場。而這般使者，或即攜帶輕便而價高的絲織品，作爲旅費、資本。西方學人不明瞭史實，「倒果爲因」。不過東西方通商大道自騫鑿空開通，「殊方異物，四面而至」，「商胡販客，日款於塞下」，亦有「無親屬貴人，奉獻者皆行賈賤人，以獻爲名」。大秦國（羅馬）有野蠶繭作的細布，其王「常欲通使於漢，而安息欲以漢繒綵與之交市，故遮閡不得自達。」（後書西域傳）安息中間剝削中國絲的貿易，直到五六八、九年，東羅馬與西突厥攜手，才擺脫波斯（安息）的壟斷，直接與西突厥進行絲的交易。

中國的商業都市，見於後書郡國志敦煌郡注：「舊者記曰：華戎所交一都會也。」又孔奮傳曰：「姑藏稱爲富邑，通貨羌胡，市日四合。每居縣者不盈數月，輒至豐積。」隋嘗以武威、張掖爲國際貿易中心。（見上）

其後唐天寶十載（七五一年），石國濳引大食欲共攻四鎭（見上），高仙芝聞之，將蕃、漢三萬衆擊之，深入七百里，至怛羅斯城，突厥葛羅祿部叛，與大食兵夾擊仙芝，大敗而還；是役大食掠得唐軍知造紙術者，乃於撒馬爾干設廠造紙。前此有漆器、鐵器，其後而有火藥，並西傳至歐洲。

中國引進之文化，最爲宗教。佛教家以爲佛教來自西域，亦認爲騫所傳入，見於四十二章經序。後書范氏論曰：

至於佛道神化，興自身毒，而二漢志莫有稱焉。張騫但著地多暑濕，乘象而戰；班勇雖列其奉浮圖，不殺伐，而精文善法導達之功靡所傳述。……而騫、超無聞者，豈其道閉往運，數開叔葉乎？（西域傳）

東京初（六五年），楚王英「誦黃老之微言，尚浮屠之仁慈」，可證佛法傳於華夏，但尚依附中土之黃老道術。蓋其傳入於兩漢之交，騫實導夫先路。後值中國分裂，政教衰微，而佛教以慈悲平等救世，與儒家汎愛親仁意旨相通，其主淸靜寂滅，又與道家無爲思想接近，因而滙通改造，成了中國的佛教，南北朝帝王多崇奉，至唐而大盛。

北齊、北周，又傳入祆教（拜火教），流行於北方，唐初許其建祠。又有摩尼教，參配祆教、基督教教義，雜以佛教，武后時傳入，流行於西北與回紇。景教，六三五年由波斯入長安，太宗命房玄齡迎之。回教（伊斯蘭教），爲回紇人所信奉。

其他文物，有蒲萄、苜蓿、石榴、胡瓜、胡桃、胡麻……；技藝，則安息以大鳥及大秦善眩人獻於漢。胡樂、胡曲、胡舞、胡服……最爲唐人所喜愛。唐之文化，自亦遠及波斯、大食。而敦煌又爲保存大量唐文化至今。蓋中原多故，西域偏於西北較封閉也。

别開新道。南北(中)两道會于疏勒。

南道出陽關，經鄯善、且末、精絶、扜彌、于闐、莎車，与北道合于疏勒。

道以南有婼羌、小宛、戎盧、渠勒。

出于闐，另分道通蔥嶺之皮山，西夜，子合，蒲犁

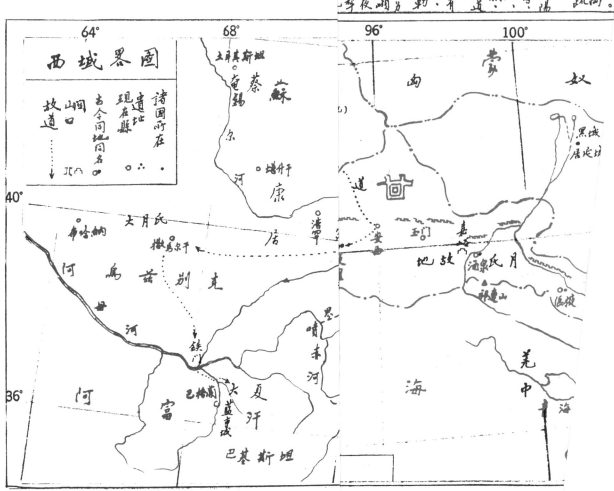

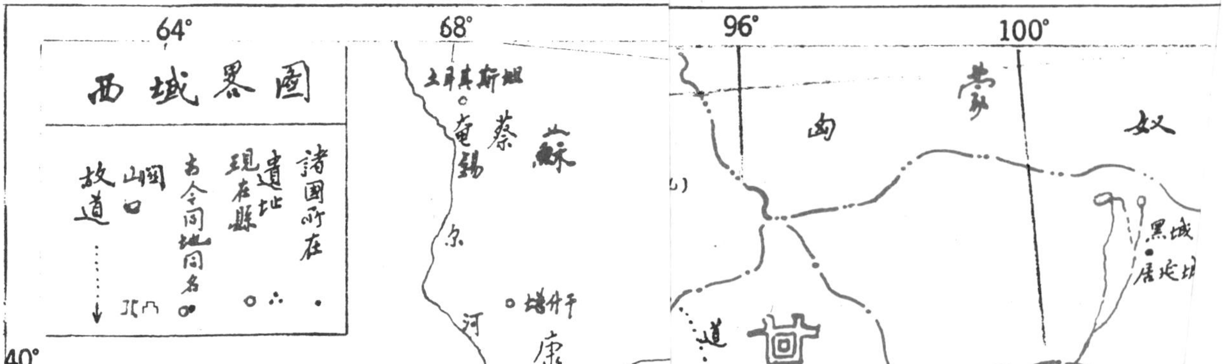

蒙古

蒙古、諸游牧國之大名。最爲歷代邊患。種族實繁，更番迭起，遷徙無常，稱謂亦繁難悉舉。大抵夏曰獯鬻，殷曰葷粥，周曰玁狁，秦漢益北，曰匈奴，魏晉爲鮮卑、柔然、高車，隋唐稱突厥，回鶻，自稱蒙兀、蒙古斯，宋明稱之爲韃靼、蒙古，淸因其歸服之先後與其地位，以內外別之。（其青海、則元之旁支；新疆、則元之臣僕。）

一　地理形勢

蒙古高原遼闊，習分漠北、漠南。但漠南漠北，不卽等於內蒙與外蒙。沙漠浩瀚——故謂之瀚海、大戈壁，橫亘內蒙外蒙，其間多寬淺盆地，當地人稱爲「搭拉」。瀚海周邊爲草原，南連漠南草原，漠北則鬱鬱蒼蒼大森林也。瀚海無垠，氣候酷寒烈暑，變化無常，生物極稀。野鼠、貪狼、大雕，牠們會深入揀食被旅隊遺棄的病駝死馬、或迷途缺水昏倒的旅人。蹟下的白骨，就是沙漠古道的明顯指標。乾燥的沙場，經常發現古代武士的遺物，也許那裏正是古戰場。面對斜陽，可想見當年戰死沙場屍橫荒野、瘦馬空營的悲慘景象。蒼茫的天地，無法運用記憶，要憑亂石堆砌的「鄂博」，增強信心，鎮靜摸索，或讓駝駱找尋水源。滴水千金，寸草生命。但奇特的內陸河流，往往忽然潛入沙下，鬆軟的沙水，也存在着致命的陷阱，又必須先蒙蔽牲畜的視線，審愼偵察，才能放飲。而又不能全憑地圖記載的湖泊和井泉。井泉隨時會被流沙淹沒，湖泊會變成苦臭的鹹水。再就是驚天動地、飛沙蔽日的黑風暴，鬼哭神嚎，海市蜃樓，幻象叢生，更須人畜相依爲命，力持鎮靜，以免脫繮狂奔，彼此失散在大漠深處。

* * * *

漠南是指沙漠以南，長城以北起伏平緩的高原。東部草原寬廣，西部沙漠廣大。中部陰山，爲華戎之大限，北坡平緩，南坡斷層臨河套沖積平原，東自洗馬林、長川、白道川、稒陽、西及高闕，常是胡騎出進的大道。東部土默川，西部後套，再西南之寧夏，水土肥沃，又是畜牧業的樂土。遼闊的草原上，一派「天蒼蒼，野茫茫，風吹草低見牛羊」的塞上風光。胡族休養生息其間，俟機深入。因糧於我，威脅中國政治中樞——關中、燕京。我爲保護生命產業，不得不竭力設法爭取，消除禍源；積極的以爲開塞出擊的前進基地，以故慘烈的戰爭，常在此一地帶進行，史不絕書。秦因燕趙遺制，爲阻胡人南下，既消極的傍陰山修長城以限馬足，復置沿河三十四城，謫戍屯墾以策治安。無如天寒雨少，勞多利薄，重以邊塞危險，民性樂逸，難於安居持久。乃更積極的沿邊設置郡縣。據漢書地理志：

北地郡　秦置，縣十九。
上　郡　秦因魏置，縣二十三。
西河郡　漢武置，縣三十六。
朔方郡　漢武置，縣十。
五原郡　秦九原郡，縣十六。
雲中郡　秦因趙置，縣十一。
定襄郡　漢高置，縣十二。
雁門郡　秦因趙置，縣十四。
代　郡　秦因燕置，縣十八。
上谷郡　秦因燕置，縣十五。
漁陽郡　秦因燕置，縣十二。
右北平郡　秦因燕置，縣十六。
遼西郡　秦因燕置，縣十四。

遼東郡　秦因燕置，縣十八。

漢武爲斷匈奴右臂，隔絕胡羌，切實控制河西走廊，置武威、張掖、酒泉、敦煌四郡。長城採取的路線，固憑險要，而儘量控制水源；縣城據點，則多臨水扼其喉吭。河西以東，最當衝要者：

靈州（靈武）之塞賀蘭山，扼入關之要衝。其南故蕭關（固原縣東南），自秦漢以來，最為胡騎出入之孔道，又靈武之咽喉也。

三受降城　唐仁愿於黃河北岸築三受降城，相距各四百里，各據要津，水草豐美。其西鷄鹿寨，塞大同川、高闕。

五原　據河津，塞稒陽、石門。

東勝（托克托附近）東屏大同，南障偏關、榆林，實外寇出沒之地。明撤東勝，秦晉遂無寧日。

盛樂（和林格爾附近）即雲中，漢之定襄城，北魏之始都。既堵白道川，又遮蔽大同也。

萬全（張垣）上谷郡之核心，張北、多倫之孔道，宣化、居庸、燕州之屏藩。

昌平　負居庸之險，當古北口之道。燕京大命，常繫於此。

薊州（漁陽）控盧龍之險，扼柳城之道（喜峯口）。明自棄大寧，又撤開平，伏戎啓釁，安無寧日。

山海關　明初築城置衛，為遼海之咽喉，作燕京屏障。明清於此決興亡，國共於此定得失。

明築長城，因循隋制，不並河爲塞，而「橫截套口」，乃於長城之內設九邊：遼東、宣府、大同、延綏、寧夏、甘肅、薊州，太原總兵駐偏頭，三邊（延、寧、甘）制府駐固原，而魏都平城，於緣邊置沃野、懷朔、武川、撫冥、柔玄、懷荒六鎮於長城之外，其得失至爲顯然。（詳王恢中國歷史地理上冊二〇七、二三四頁）

* * * *

中國的眞正外患來自漠北。漠北草原，主要是色楞格河流域。河出烏里雅蘇臺東北，東北流至買賣城西南，納鄂爾渾河。河出杭愛山北麓，東北流，納滙集肯特山以西之水經烏蘭（紅色）巴托（英雄·庫倫）西南折而西北流的土拉河。色楞格河再北入貝加爾湖。流域廣闊，南瀕大漠，中間地勢低平，水草豐美，牧族羣集，遂成爲蒙古高原之天然中樞。哈爾和林（西庫倫）即據鄂爾渾河上游，漢匈奴之北庭——龍城，北魏之柔然可汗庭，唐突厥苾伽可汗宮，回紇樹牙於獨洛水（土拉河），蒙古之和林：均在此數十百里間，易於團結控制。胡習於騎射，俄頃之間，控弦百萬，呼嘯而南，直叩長城，於是中國之外患至矣。

其東、克魯倫河（漢盧朐河、明飲馬河），發源於肯特山南麓，東北注入黑龍江，爲高原東部唯一之綠帶，出入之要道。昔冒頓蓋由之以滅東胡（大興安嶺西南麓），漢霍去病之封狼居胥山（東胡西南），徐自爲出五原，築城列亭至盧朐。明成祖五次親征，三犁虜廷，飲馬盧朐。準噶爾之入寇巴顏烏蘭（山在車臣汗右翼中前旗北），清康熙大敗之烏蘭布通（山近赤峰）：皆依山傍水出入也。

西部山岳盆地。科布多、多湖泊，河流縱橫，與準噶爾共阿爾泰山，爲通往準部及回部（新疆）要道。其北唐努烏梁海，亦多湖泊河流，惟苦寒，僅宜畜牧。盆地出口向西，蘇俄進出利便，一九一二年蒙古宣布獨立，沙皇乘機收爲俄有，成立「唐努拓跋共和國」，不許與蒙古或他國交涉。

行軍作戰，皆以山地爲目的。有山斯有水，有水斯有草。水草爲牧畜之場，依山傍水，游牧民族之所棲息也。今摘歷代重大戰役，略自西而東，錄其名山。惟荒漠遼廓，山廣水長，史傳難詳，後人推測，往往相差千里，會其大略可也。

金微山 今阿爾泰山。後漢永元二年（西元九〇），耿夔出居延塞，大破北單于於金徼山。

北魏時，高車建牙於此，亦曰金牙山。

唐貞觀中，突厥別部斛勃，自稱乙注車鼻可汗。永徽元年（六五〇），高侃將回紇、僕骨兵至阿息山，車鼻遁走，追獲之於金山。永隆二年（六八一），裴行儉討突厥叛部阿史那伏念等，偏將程務挺等掩襲金牙山，獲其妻子輜重。

燕然山　都斤山，今杭愛山。漢征和三年（西元前九〇），遣李廣利伐匈奴，深入郅居水，還至燕然山，戰敗降匈奴。

後漢永元元年（八九），竇憲出雞鹿塞三千里，登燕然山，刻石紀功。

唐貞觀二十一年（六四七），開「參天至尊道」，（自中受降城入回紇道土拉河西南，凡二千〇九十里。又別道自鸊鵜泉亦至回紇帳千五百里。凡六十八驛，每驛約三十里。）置燕然都護府於金山；龍朔三年（六六三），徙治回紇（西庫倫附近），改名瀚海。

涿邪山　涿涂山，在高闕塞北千餘里。漢天漢二年（前九九），公孫敖出河西至涿涂山。

後漢永平十六年（七三），度遼將軍吳棠出高闕，坐不至涿邪山，免。建初元年（七六），南匈奴與邊郡及烏桓之兵破北匈奴於此。元和二年（八五），南匈奴與北部溫禺犢王戰於此，斬獲而還。永元元年（八九），竇憲出雞鹿塞，鄧鴻出稒陽塞，南單于出滿夷谷，皆會涿邪山。

後魏登國六年（三九一），拓跋珪擊柔然，至涿邪山降其衆。神䴥二年（四二九）擊柔然，循弱水（翁金河），至涿邪山而還。太延四年（四三八），自五原伐柔然，至浚稽山，分遣拓跋崇從大澤向涿邪山，不見柔然而還。

稽落山　在涿邪山北。永元元年，竇憲自涿邪山分兵破北單于於稽落山。

浚稽山　漢太初二年（前一〇三），趙破虜出朔方西北二千餘里，至浚稽山，敗沒。天漢二年（前九九），李陵至東浚稽山（山在武威塞外），敗降匈奴。

鬱督軍山　烏德犍山。杭愛山東北麓塔里米河發源處。唐貞觀二年（六二八），薛延陀建牙於此。二十年（六四六）李世勣擊滅之。永徽元年（六五〇），高侃擊突厥車鼻至阿息山，追之金山，禽之（見上），詔處其餘衆於鬱督軍山，建狼山都督府統治之。天寶三載（七四四），回紇南據突厥故地，建牙於烏德犍山。

寘顏山　漢元狩四年（前一一九），衛青出定襄，至漠北，匈奴敗走，追至寘顏山趙信城而還。霍去病亦以輕騎追匈奴至寘顏山，得其積粟。

狼居胥山　元狩四年，霍去病出代二千餘里，封狼居胥山，禪姑衍，臨瀚海還。

二　南侵原因及政權之更替

游牧民族之所以南來侵掠，實亦迫於飢寒。氣候苦寒，不能耕稼，涼秋九月，塞草前衰。適值南方農業秋熟，倉廩充實，遂呼嘯而南，避寒療飢，「氈廬席捲負明駝，向陽山下趁行窠」，漠北南下，順勢下降，餓馬狂飈，東自燕山、陰山、西及賀蘭，橫亘數千里，到處可入，防不勝防，備多力分，此長城之所以限馬足也。極力以驅，彼退回漠北；力不能驅，則盤據漠南，宰割邊區，入主中原。而沈迷於膏粱豢養聲色，失其麤獷悍厲，又必有其麤獷悍厲者紾其臂而奪其地。如匈奴之南化西徙，鮮卑拓跋繼踵，高車又繼之，柔然又繼之，突厥又繼之。劉、石、慕容、姚、苻、赫連相乘而迭相襲，契丹入燕雲，金人乘之於東；金人有河北，蒙古乘之於北、相踵相仍，地勢固然，縱觀歷代之弭患致果，亦係人謀之臧否。

秦始皇命蒙恬北逐匈奴，並陰山築長城，沿河置三十四縣以戍之。秦漢之際，戍卒者去，匈奴復入塞內，漢高被困平城，忍辱和親，武帝誓雪國耻，命衞霍開塞出擊，大張撻伐，逐之漠北。王莽改王易侯，措施失當，烏桓、匈奴起而寇邊，東漢初馬援征之不利，會烏桓襲擊匈奴敗之，邊境稍安。和帝命竇憲兩次北征，匈奴方遠遁裏海之濱。

三國以後，東胡鮮卑勃興，滅匈奴，犯邊塞，而其諸部互相攻伐。晉時拓跋南下，據有中國北部，柔然興起，又滅鮮卑而有其地。

隋唐時代，突厥又滅柔然，版圖東起東海，西至裏海，北及北海，南接中國、吐蕃。其後唐滅突厥，回紇又起，唐又滅回紇，設都護府以統治之。

五代時，遼東之契丹崛興，領有蒙古及中國北部，遼衰，蒙古諸部羈屬於金。金內部傾軋，兼有事南宋，無力北顧，蒙古因而坐大。

南宋高宗紹興十五年，鐵木眞（太祖成吉思汗。一一五五——一二二七年）生，雄才大略，統一草原民族，伐夏攻金，西征波斯灣，服花剌子模、波斯。其子窩闊臺（太宗）繼續西征欽察、俄羅斯，進入匈牙利、波蘭、東普魯士，大破北歐聯軍。一面約宋攻金，金亡（一二三四年）。又東伐高麗。其後貴由（定宗）、蒙哥（憲宗）、忽必烈（世祖）相繼爲汗，復西滅大食，南征大理、吐蕃、交趾、北印度，先後建立欽察、窩闊臺、察合臺、伊兒四大汗國。最後掃平江南，統一華夏（一二七六年），建立橫跨歐亞的空前大帝國。自和林遷都開平（多倫・上都），後又以燕京爲大都。以中國爲其基本領土，直屬中央政府，置十二行省；以高麗、吐蕃、南洋及西南諸國爲朝貢國；以欽察、察合臺、伊兒汗爲蕃屬。世祖卒（一二九四年），國勢漸衰，其後七十四年間傳九世至順帝，內部互相殘殺，天下大亂，明太祖奮起淮甸，光復華夏（一三六八年克北京），元帝北走上都，結束統治中原八十九年的大元帝國。

東方大元帝國雖退回老家，西方所建之欽察汗（金帳）國，仍然統治俄羅斯前後達二百四十年之久，直至莫斯科大公伊凡三世呑併俄羅斯東部，建立大俄羅斯國，宣布獨立。（一四八〇年、明成化十六年）但欽察汗國仍一直維持至（一五〇二年、明宏治十五年）爲克里米亞汗國擊潰。

復次言明太祖既逐元帝出塞，曾跟踪追擊。尤其成祖五次親征，三犁虜庭，史未嘗有。其後元裔互相爭奪，迄弘治間（一四八八——一五〇五年），成吉思汗十五世孫巴圖蒙和——達延汗，始統一各部。達延汗老成持重，對外稱臣於明，對內生聚敎訓，創設左翼、右翼各六萬戶制度，分封其子弟：

左翼：㈠**察哈爾**（今錫林郭勒盟），㈡**烏梁海**（今熱河——昭烏達盟），㈢**喀爾喀**（今黑龍江——呼倫貝爾盟）。

右翼：㈠**鄂爾多斯**（河套——伊克昭盟），㈡**土默特**（陰山北——烏蘭察布盟），㈢**永謝部**（張家口東及卓索圖盟)。

汗及三子分統左右翼。四子留守漠北，號所部曰喀爾喀，劃七旗分授其七子領轄。同時將七旗分爲中東西三部，設立三汗：東部車臣汗，中部土謝圖汗，西部札薩克圖汗。終達延之世，長城內外頗相安，但傳至其孫阿勒怛（俺答），英勇好戰，西北越瓦剌部（衞拉特），南犯明邊。迨察哈爾林丹汗崛起，明廷益疲於應付，遼東之滿洲因之以興。

三　滿清統治政策

滿洲初起，內蒙古鄰近各部先後降附或被征服。一六三六年（明崇禎九年、金崇德元年），察哈爾揷漢部林丹汗走死甘肅張掖東大草灘，其子額哲獻元主中原時所傳國璽，遂改國號曰「淸」，內蒙正式成爲淸的藩屬。

康熙二十七年（一六八八），外蒙喀爾喀部受準噶爾壓迫，全部內徙，乞援於淸，二十九年親征，大敗噶爾丹於烏蘭布通。三十年五月，親巡邊外，大會內外蒙古盟旗於多倫，編審旗分，令與內札薩克（內蒙盟旗）同列。三十五年（一六九六），第三次出塞親征，大敗準噶爾於昭莫多（庫倫南），噶爾丹敗死，喀爾喀還牧漠北，外蒙三部悉入版圖。雍正九年（一七三一），元太祖十八世孫圖蒙肯之裔——車淩，因破準噶爾策淩殊勳，增三音諾顏一部，共爲四部，七十四旗。清末增至八十六旗。

科布多四部，位於準、喀二部之間，亦隨喀爾喀部歸附。

唐努烏梁海，在科布多之北，喀爾喀西北，漢爲堅昆、唐爲契爾吉斯，元爲謙州，明爲兀良哈，康熙五十年（一七一三）自願來歸。乾隆二十二年（一七五七）分爲三部：一爲阿爾泰烏梁海七旗，一爲阿爾泰諾爾烏梁海二旗，（一八六四年中俄畫界失之）一爲唐努烏梁海六旗（清末縮編為五旗）。並受科布多參贊大臣及定邊左副將軍節制。

清鑑於中國歷代北邊之大患，來自蒙古民族勇悍之特質。修築萬里長城，勞費而不足以消弭患源。惟有破除其團結反抗，兼採分化與懷柔政策：

一、設旗封爵籠絡王公　仿滿洲八旗制，分其部落爲若干旗。旗設札薩克（旗長），封以王公爵位，世襲罔替，其族之菁英，遂樂爲之用。旗爲行政單位，旗與旗間嚴定界限（鄂博），禁止越境游牧與狩獵。旗之上轄以盟，規定時間地點會盟，檢閱軍實，編查戶口。如一旗人口增加或牧地開發，另劃爲一旗，破除其固有的部落制，使其化整爲零，不相統屬，而受盟長監視，駐劄將軍大臣監督，及中央理藩院管轄。於是橫的方面既不相聯繫，縱的方面又受層層管制。

其於王公臺吉之子，予以加官封爵，虛榮名銜，羈縻籠絡，使其衷心誠服。王公既安富尊榮，自不願意造反；其壯丁悉爲其「奴才」，而奴才無權無勢，想反也反不起來。更何況採宋「通判」制，王公衙內放了一個四品講師。再結之以姻親，所謂「甥舅之聯，所以戚之。」（列傳藩部一）其統治之高明切實，遠邁漢唐。

二、獎勵喇嘛消滅族性 蒙族原本侫佛，元世祖時始信喇嘛，淸特封呼圖克圖爲大喇嘛，稱之爲「活佛」以掌黃教，如達賴之於西藏。雍正五年（一七二七），發帑金十萬兩，建慶寧寺於庫倫以居之。規定每家一子爲俗人，餘子都得當喇嘛。喇嘛雖不得結婚，而衣食住都由平民供給，於是人皆以當喇嘛爲榮；於是而寺廟林立；於是而丁口日減，勇悍之特質漸失。

三、利用階級壓制反抗 平民謂之奴才，奴才分宜操作，世世服役王公。而於王公之驕恣，優予寬容。於是王公怗服，平民低頭，全失反抗之意氣。

四、隔離漢蒙阻塞進步 既施愚蒙政策，更防漢族啓廸其智慧。於是嚴禁漢蒙通婚、通商、用漢文字。光緒二年（一八七六），猶有「不得擅用漢文，違者照例科罪」之禁也。

康熙曾得意的說：「我朝恩施於喀爾喀，使之防禦朔方，較長城更堅。」誠如魏源所云：「蒙古敬信黃教，不獨塞息五千里之烽燧，且開本朝二百年來之太平！」而論者以爲斲喪蒙族元氣，爲國家重大損傷，與俄侵略之機會。而何以不自責「自己太不爭氣！」昧於時代潮流，改革適應？任由俄運用宗教信仰，籠絡活佛，經濟貸款，換取土地開鑛，擴大商業權益。日俄戰後，又任由雙方畫定滿蒙勢力範圍。及其末葉，才漸覺悟禁墾愚蒙之不當，變法挽救，舉辦新政，而官吏又貪汚無能，俄得從而挑撥煽動，終於宣告獨立。

宣布獨立稱：「蒙古原爲淸廷之臣屬，而非中國之臣屬。今淸室既屋，蒙古與中國之關係當然斷絕」云云。民國元年元月六日，孫大總統鑒於問題之嚴重，致電蒙古王公，謂「解除專制，並非仇滿，實欲全國人民無分漢、滿、蒙、回、藏，相與共享人類之自由。」其後袁世凱亦函電蒙古哲佛，勸其取銷獨立，無如俄人早已控制其經政，以致寧可開罪祖國，不敢爽約於強俄。民國八年十月，雖曾撤銷自治，重歸祖國，旋被日、俄慫恿，十年三月二十一日又復宣告獨立，十三年七月，成立僞「蒙古人民共和國」，而爲蘇俄之附庸。三十四年，我與蘇聯簽訂「中蘇友好同盟條約」，根據該條約，外蒙以舉行全民投票方式決定其獨立自治地位。當年我既遷就國際環境被迫允許其獨立。據「中華民國重要史料初編」第三編，戰事外章中的中蘇關係記載，三十六年三月二十一日，蔣介石在國民黨三中全會政治報告：「外蒙古的問題完全是我個人的主張，……但是我相信外蒙雖然離開了我們中國，而是自由獨立，不是給予人家割據的。」四十一年十月十三日，又在國民黨第七次全國代表大會第四次會議上發表「祕密談話」：「至於承認外蒙獨立的決策，雖然是中央正式通過一致贊成的，但是我個人仍願負其全責，因爲割據外蒙寒凍不毛之地，不是我們建國的致命傷。……我主張放棄外蒙的決心，實基於此。」我國政府雖在四十二年片面宣布廢止「中蘇友好條約」，但我國曾放棄外蒙主權卻是一項存在國際間的事實。儘管我國一直對外蒙在國際上獨立國家地位表示反對立場，而外蒙卻在蘇聯提攜之下，民國五十年成爲聯合國的會員國，獲得約一百國家的承認；近且推行門戶開放政策，廢止七十年來共黨專政，走向民主政治。

外蒙地位演變表

1911年10月30日	外蒙宣布獨立，清廷堅決拒絕承認。
1912年11月3日	帝俄宣布承認外蒙獨立，新成立的中國政府强烈抗議，聲明外蒙為中國領土，而臨時約法也規定，外蒙屬於中國。
1913年	中俄簽訂條約，帝俄政府承認中國對蒙古的宗主權，中國承認蒙古自治權。蒙古的獨立被撤銷。
1917年	蘇維埃共黨政權向中國保證，帝俄時代與中國所簽條約一律無效。
1919年	外蒙當局宣布撤銷自治。

1921年	外蒙又宣布獨立，成立「蒙古人民國」，採君主立憲。
1924年5月	中蘇締結協定，蘇聯承認蒙古為中華民國不可缺少的一部分，並尊重中國在外蒙的主權。
1924年7月8日	蒙古共產黨變更國體，改國名「蒙古人民共和國」，中國堅決不承認。
1936年	蘇聯與蒙古人民共和國簽互助議定書；中國政府抗議。
1945年2月11日	雅爾達密約規定，「外蒙古的現狀應予維持」。
1945年8月14日	中蘇友好同盟條約，雙方同意外蒙以全民投票方式決定其獨立地位。
1946年2月13日	中蘇友好協定簽字，中國承認外蒙獨立。
1946年8月27日	我駐聯合國安理會代表提出備忘錄，「（對外蒙公民投票）是我們所不能接受的過分簡化的歷史，當適當時機來臨後，我國政府有從事進一步觀察的權利。」
1946年	外蒙首次提出申請進入聯合國，被拒。
1949年	中華民國向聯合國控訴蘇聯違背中蘇友好同盟條約。
1951年10月21日	由於國際壓力，國民黨中常會決定，對外蒙申請加入聯合國（第十三次）不使用否決權，交換美國對我之堅決支持。

1951年12月26日	外蒙與中共簽訂邊界協定。（承認外蒙獨立地位）
1952年	聯合國大會決議蘇俄違反中蘇友好同盟條約。
1953年2月	政府宣布廢止中蘇友好同盟條約。政府認為，外蒙獨立已經勾銷，仍是我國領土。

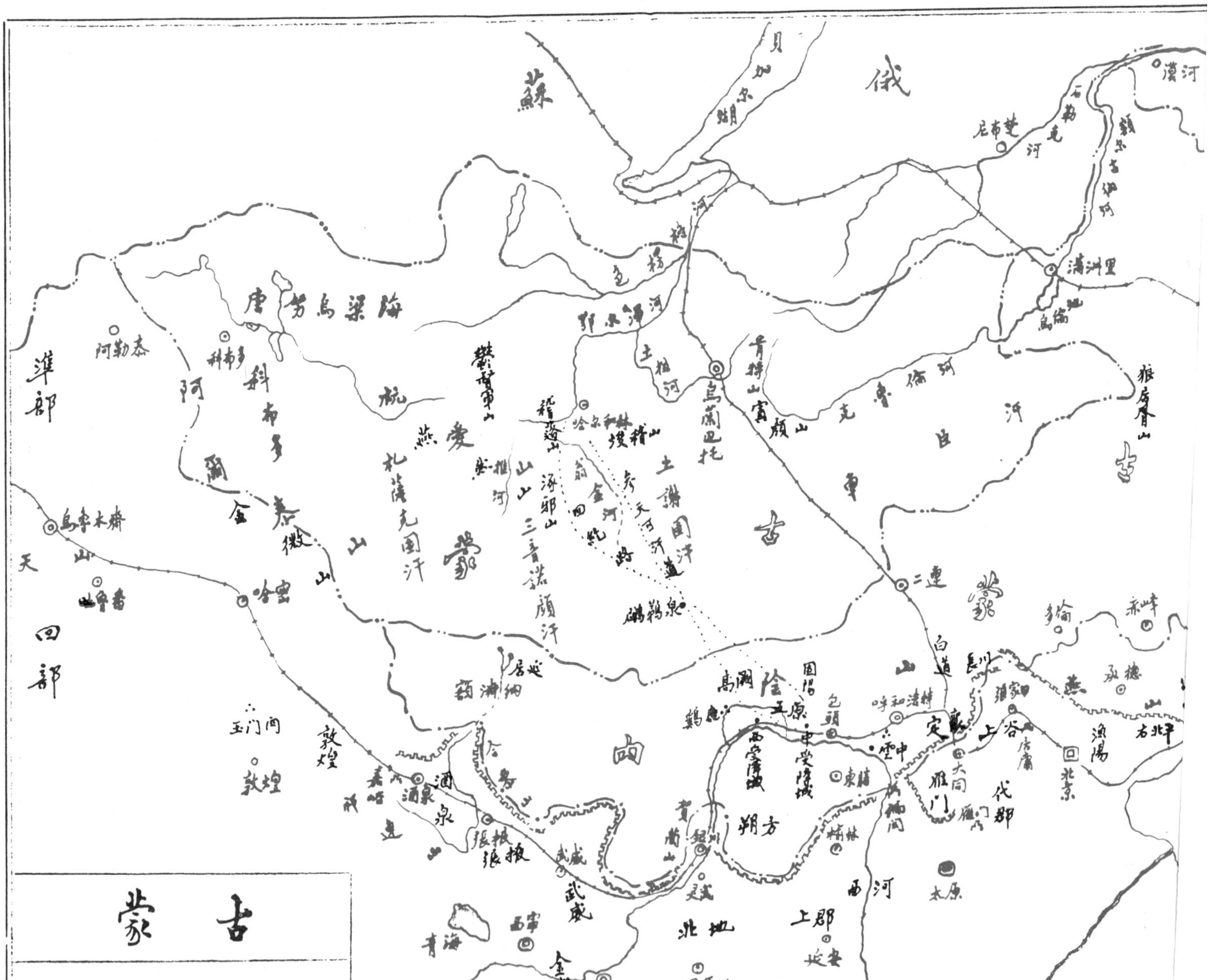
蒙古
比例尺二千五百萬分之一
0
500
1000公里
俄
貝加爾湖
滿洲里
尼布楚
烏蘭巴托
二連
呼和浩特
包頭
大同
北京
太原
西安
鄭州
蘭州
西寧
青海
武威
張掖
酒泉
敦煌
哈密
烏魯木齊
阿勒泰
科布多
天山
陰山
居延
五原
雲中
定襄
上谷
漁陽
右北平
代郡
雁門
西河
上郡
北地
朔方
金城
延安
固原
蕭關
玉門關

關東

一　水陸交通

關東、指山海關以東——遼寧、吉林、黑龍江東北地區。山海關是因明清的興亡關係而名益顯。他扼遼海走廊捷徑的孔道。但隋以前出入遼東、多從遷安縣西北灤水河谷的盧龍塞出朝陽（龍城、和龍、柳城、營州、平州），沿大凌河東南行。如曹操征烏桓，慕容雋伐後趙，高齊伐契丹，隋開皇三年（五八三）擊高保義；是年，始城渝關；十八年（五九八）伐高麗，出臨渝關。唐貞觀十九年（六四五）征高麗，還自臨渝。以後即多經由此出入。明初，築城置衞，爲遼海之咽喉，作京師之保障。以其倚山面海，名曰「山海關」，被稱爲「天下第一關」。

商周之際，海道未通，箕子之去朝鮮，當從遼東往。

中國國勢強盛，常水陸兩路定朝鮮與高麗。漢武帝元封二年（前一〇九）伐朝鮮，遣左將軍荀彘從遼東往；樓船將軍楊僕從山東半島渡海至。高麗之入貢北魏從遼東，復貢使南朝當自山東。隋四征高麗，及唐貞觀十九年伐高麗，皆海陸並進。後高宗顯慶、龍朔前後定百濟，降高麗，直航熊津（錦江口）。宋金海上之盟，由遼東半島航海往來也。

二　歷代政權之建立與經營

老古時代，東北所居氏族，未有文字，漢人能文字者又未嘗進入荒漠，只據傳說吉林、黑龍江爲古肅愼國地。惟遼域近中國，最初燕破東胡（在匈奴之東、故曰東胡），始開置遼東郡，秦漢因之，迄于明末，統稱「遼東」，東局視國勢之強弱爲遠近，國勢強，可遠及朝鮮、庫頁島，勢弱則不出遼河流域。漢武帝平朝鮮，開置樂浪、玄菟、臨屯、眞番四郡縣，大半不知其所在。東北之挹婁，亦茫然莫明其究竟。夫餘之裔爲烏桓、鮮卑，有慕容氏曾入關建立前燕、後燕、西燕、南燕。後魏有勿吉（吉林），隋時有黑水靺鞨（黑龍江）。夫餘之別種高麗，都平壤，別都丸都（輯安縣北），地跨朝鮮與遼東，立國七百餘年，唐滅之（六六八年），置安東都護府於平壤，其轄境約有今東北之南半部及朝鮮半島之中北部。不久（六七六年），徙還遼東，又徙遼西，後廢；按其西徙之迹，可見甚爲不穩狀態。惟松花江流域之渤海（王城在寧安），受唐册封，頗知書契，其王數遣諸生詣京師太學，習識古今制度。其他散居谿谷，依水部落，使犬使鹿的漁獵之族，皆粗壯勇悍。文野依遠近爲差，亦有隨時代而華化。遼初草居野次，車馬爲家，仰給畜牧爲衣食。後滅渤海入關，因其制立五京，建宮殿，正君臣、尊孔聖。金初食生物，勇不畏死，未有文字，後得遼舊人用之，其言已文，行選舉法，取汴經籍圖，宋士多歸之。其後儒風丕變，庠序日盛，士由科第位至宰輔者接踵。當時儒者雖無專門名家，然而朝廷典策，鄰國書命，粲然可觀。金用武得國，無以異於遼，而一代制作，能自樹立唐宋之間，有非遼世所及，以文不以武也。（金史文藝傳上）元亦以武力擴張疆土，不懂政治，僅置瀋陽等路高麗軍民總管府，無文化可言。

明初經營東北，遠勝前代。永樂元年（一四〇三），松花江流域女眞內附，明年，即設建州衞於三姓（依蘭）；七年，更設奴兒干都司於黑龍江口。清曹廷杰「西伯利亞東偏紀要」，混同江東岸特林地方永寧寺碑云：

> 永樂九年春，遣中使亦失哈等官軍一千餘人，巨船二十五艘，……自海西（按：吉林有船場）抵奴兒干及海外苦夷（庫頁島），諸民男婦，賜以衣服器用，給以穀米。

十年（一四一二），又設建州左衞於圖們江南岸朝鮮之會寧；並置海西衞、兀者衞。又重修永寧寺碑云：

宣德六年（一四三一），復遣亦失哈部衆再至；明年，亦失哈同都指揮康政，率官軍二千，巨船五十至。

明於此一廣大地區曾設三百八十四衞。惜中葉以後，北方外患日熾，未遑兼顧，僅守得開原以南遼河下流；而援朝抗倭，以致滿洲坐大。

努爾哈赤以𢼸甲十三副崛起建州，征服海西、野人諸部，誓師仇明。薩爾滸之役，破楊鎬二十四萬之衆。而明室征調煩苦，被逼從流寇抗官兵，於是敵寇夾擊。思宗固中主也，剛愎任氣，如熊廷弼、袁崇煥、孫承宗，皆足以一人任邊事，而疑忌或誅或罷，代之以庸懦無能之袁應泰輩，加以拙於謀己而長於資敵之漢奸洪承疇、吳三桂輩，大好河山，遂拱手讓與滿人。

三　逐漸開發起來

淸初嚴行封鎖政策，幸賴流人與拓荒者之啓山林；復迫於俄人不斷入侵，乃由逐漸放墾而全部開放。然爲時實嫌太晚，又政治昏庸，貽患無窮。

淸初之荒曠，賴流人之啓廸。康熙二十六年（一六八七），以奉天曠土甚多，令府尹廣置官莊，多買牛種，酌量發遣之人足應差使外，餘儘令其屯種，所收米穀，依時豐歉，設立官倉收儲。（清會典事例奉天府職掌治賦條）

乾隆三十七年（一七七二），兵部根據邦政紀略，輯爲五軍（附近、近邊、邊遠、極邊、烟瘴）道里表，

凡發配者，視表所列。……初第發尚陽堡（開原東四十里。雲南平，附屬吳三桂之滇人，悉配戍于此。）、寧古塔（寧安）、或烏喇（烏拉在吉林城北六十里松花江東岸）地方安插，後並發齊齊哈爾、黑龍江（璦琿）、三姓，喀爾喀、科布多，或各省駐防為奴。（清史稿刑法志二）

這些流人，多爲抗清才智之士，如春風夏雨，荒漠草木平添生氣。楊賓「柳邊紀略」卷二：

陳敬尹為余言：我於順治十二年（一六五五）流寧古塔，尚無漢人，滿洲富者、緝麻為寒衣，擣麻為絮；貧者衣麅鹿皮，不知有布帛；有之，自予始。予曾以疋布易稗子穀三石五斗。有撥什庫得予一白布縫衣，元旦服之，人皆羡焉。

吳兆騫寄顧貞觀書：

寧古自辰巳（康熙十五、六年）後，商販大集，南方珍貨，十備六七，街肆充溢，車騎照耀，絶非昔年陋劣光景。流人之善賈者，皆販鬻參貂，累金千百、或有至數千者。（秋笳集卷八）

吳振臣「寧古塔紀略」：

後因吳三桂造反，調兵一空，令漢人盡徙入城中，予家因移住西門內，內有東西大街，人於此開店貿易，從此人烟稠密，貨物客商，絡繹不絶，居然有華夏風景。

數十年間，可見開發之速，亦可見漢人之最善適應環境。至於文化，吳兆騫前書又云：

乙巳（康熙四年），以授徒自給。其夏，張坦公先生（縉彥）集秣陵姚琢之，苕中錢虞仲、方叔、丹季兄弟，吾邑（吳江）錢德徵及鄗人爲七子之會，分題角韻，月凡三集，愁中亦饒有佳況。

寧古塔紀略：

乃皇天保佑，荷戈二十三年，百冷辟易，疾疢不作，所遇將軍固山，無不憐其（吳兆騫）才，待以殊遇。窮邊子弟，負耒傳經，據鞍弦誦，彬彬乎、氷山雪窖之鄉，翻成說禮敦詩之國矣！

惟流人日衆，清廷深爲疑懼，乃停止漢人流放東北，

乾隆元年（一七三六）諭：黑龍江、寧古塔、吉林烏拉等處地方，若概將犯人發遣，則該處聚集匪類多人，恐本處之人漸染惡習，有關風俗。朕意嗣後如滿洲有犯法應發遣者，仍發黑龍江等處，其漢人犯發遣之罪者，應改發於各省烟瘴地方。（清會典事例卷七四四刑名例律）

在此前後、雖曾設學，無成績可言。西清「黑龍江外紀」卷三：

康熙三十四年（一六九五），將軍薩布素疏請墨爾根（嫩城）兩翼各設一學，助教一員，

每佐領選幼童一人肄習國書。是為建學立師之始。今（嘉慶）齊齊哈爾（龍江）、墨爾根、黑龍江皆有官學，其生徒每佐領一人如故，惟司訓者名教習，俗稱學官，例以筆帖式充補，滿三年引見，用驍騎校。

宗室永琨為將軍，選齊齊哈爾八旗子弟二十人，以龔光瓚習漢書。事始於嘉慶元年（一七九六），俗謂之漢官學，實義學也。嘉慶十一年（一八〇六）秋，乃以余（西清）代。滿官學生常溢額，義學生常不足額，蓋滿官學生歲膏火銀二兩，義學無之也。

西清前書卷四言及農耕情況：

黑龍江地利有餘，人力不足，非盡情農也。為兵者一身應役，勢難及於耕耘；而閒處者又多無力購牛犂，以開荒於數十百里之外，故齊齊哈爾等城，不過負郭百里內有田土者，世守其業，餘皆樵牧自給，或傭於流人賈客以圖溫飽。而膏腴萬頃，荒而不治，曾無過而問之者，蓋亦勢使然也。

心史氏「郭爾羅斯後旗旅行記」（中華古今遊記叢鈔第六册），視察松花江流域蒙旗放墾情況頗詳，其大略：

松花江流域，縱橫各千餘里，無山、無木、無石，皆平原腴土。東半屬滿洲，西半屬蒙旗。墾種無地不宜。土人不知溝洫，夏季雨量極富，松嫩兩江水漲，低地沒水，水挾鹼質，草獨宜牧，而不能種粱豆，皆以棄地視之。若設公司經營，洩溝洫，築隄防，墾田消納，一犂可亘五六里。寬留牧地以畜牛馬，羊毛之利甚大：寸土皆黃金也。

蒙人絶少種地之家，處膏腴數十百年，尚沿遊牧之舊，但牧而不遊耳。漢人寓其地者，以長子孫，締姻好，田連阡陌，牛馬成羣。丁多擇地而墾，不需肥料，不費功力，衣食自有餘饒。心廣體胖，宜其生息繁多。

蒙古放地之章程：上等每晌（約爲畝）收租五兩一錢，依等遞減，交通不便之處，有減至三錢五分者。押租半歸國家，半給蒙旗。故放荒之始，能多放，則蒙旗即獲鉅款。押租止收一次，五年後升科，則每晌納大租六百文，小租六十文。蒙地用錢，率以五百文為一吊（每一元值五吊），則實三百三十文。國家得三分之一，蒙旗得三分之二。是故墾熟之後，蒙旗即坐享厚利。蒙旗應得之欵，扎薩克得四成，台吉得三成五，廟倉（喇嘛）得二成五。扎薩克之貧者，蓋習于昏惰，拘于體面，奴才百數十人，冠帶濟濟。台吉衣袍帶冠履，無一不垢敝斑駁，又不知浣濯為何事。其壯丁則謂之奴才，奴才無冠帶，分宜操作，不勝其苦，則遁而為喇嘛，而喇嘛亦有奴才；奴才亦有奴才（俘虜）也。

清以虛榮錮此輩之身，又以迷信滅其奴才之種，生氣奄奄，治邊長策，跨漢淩唐。

無如强隣密邇，擇肥欲噬，患又生於所防之外，則固當時之所不及料。

梅濟民生長在黑龍江邊，所著「北大荒」等書（星光出版），言東北風土人情，最爲詳實，亦最酸痛。今摘錄有關開發概況：

最初進入大荒的多半是去長白山採金礦和人參的漢人，他們冒着「金匪」殺頭的生命危險，携帶武器、馬匹、糧食，偷偷的深入這豺狼遍野、熊虎塞途的莽莽森林裡，尋找財富的美夢。

其次進入的是謫戍邊站的罪人和清初華北一帶的政治逃犯，其中多為明末遺臣，或抗清失敗的民族英雄。他們披荊斬棘，驅虎豹，鬥狼熊，在荒涼的森林裡，草原上，重建起他們的家園。對着蒙古人冒充滿洲人；對着滿洲人冒充蒙古人，……這都是開荒史上一些悲壯的小插曲。

真正拓荒者是那勇敢强悍的站民　康熙年間，因俄人侵擾黑龍江流域，清派將軍駐守齊齊哈爾，除原有寧古塔、三姓、船場（吉林）幾處兵站外，增設了瑷琿、墨爾根（嫩城）、呼倫貝爾（海拉爾）、呼瑪爾等兵站。各站間又建有驛站互為連絡。驛站均駐有屯墾的兵士，備有馬匹，負責偵察、守備、傳遞、報警等任務。後因站卒獲准帶眷，並有世襲站職的規定，於是由當年驛站而今都成為村、縣了。

因兵站驛站的增設而商業漸盛　兵站和驛站的增設，屯墾的兵員和眷屬的不斷出關，人口逐漸增加，往返關內外的商旅也隨着日漸繁盛。清初封禁雖嚴，但對這些遠途跋涉各兵站的駝隊商販却例外旅行。這些商販還義務的兼任郵差、代辦事務。兵站的將軍、蒙旗的王爺，也常託其在關內代購物品，尋選婢妾……

由局部開放到全部開放　商販為北大荒的開發貢獻過不少力量。乾隆五十六年（一七九一），華北旱災，蒙旗郭爾羅斯前旗（夫餘南）、鎮國公恭喇格布坦，受這些商販的慫恿，首先破壞清廷禁令，在長春一帶秘密從事開墾。商販們在關內私招墾民，賄通山海關守兵，挾帶墾民出關。翌年，華北再旱，餓殍載途，清廷下令開關放行，指定鴨綠江右岸——寬甸、桓仁、通化等地，遼河上游——昌圖一帶為放墾區。此為北大荒局部開放之始。

從此每逢荒旱年歲，成千上萬難民湧向山海關前，哭求出關；及一旦僥倖放行，却又回顧關城痛哭，不忍離去，其依戀鄉土之情與求生欲望的矛盾，久久難于平息。他們深入猛獸盤據的荒野，選擇土地，燒掉野草，祈求上帝賜予立足生息的地方。有的不幸全家遇難，有的半途病故，有因水土不服病死，有一家僅存其一，又替人做工：北大荒開發的代價，就是一連串悲慘的總合。

終因俄人不斷進侵，迫使清廷不得不在咸豐十年（一八六〇）又開放了松花江、拉林河和嫩江下游的呼蘭平原。光緒年間更逐年開放：四年（一八七八），開放牡丹江上游，明年，又開放輝發河、葉赫河。七年，開放圖們江流域。明年，烏蘇里江上游開放。二十一年，通肯河一帶開放，二十四年，開放郭爾羅斯後旗。（見上。在哈爾濱西、松花江北岸）。二十八年，又開放洮南地區和東山圍場。明年（一九〇三），黑龍江將軍程德全，見東清鐵路通車後，日俄勢力在東北的膨脹，乃奏請移民實邊，纔全部開放，直到抗戰為止。在短短數十年，北大荒已經荒而不荒了。從前哈爾濱是蘆葦亂泥窪，如今已稱為「東方的巴黎」。黑龍江省會北安，以往是往返採金工人、商販、强盜的幾家小客棧，如今已有兩所飛機場，二十三個公園。合江省會佳木斯，從前是松花江邊一個黑斤族的小漁村，如今已是工廠林立。此外牡丹江市、齊齊哈爾……都是新興的現代化都市了。

只可憐早年冒險犯難進入土地肥美、物產富饒的烏蘇里江流域的同胞，秘密的建立起一些莊寨和田園，在日俄戰爭以後，被東西兩岸敵對的日俄迫害殘殺殆盡。「九一八」事變後更被日本軍閥加以「抗日分子」、「俄國間牒」等罪名，壓迫到深林裡開闢秘密的公路、要塞、飛機場，工程完畢，成千上萬被屠殺在那人跡罕至的山谷裡，更慘無人道的拏着我們同胞試驗毒瓦斯：烏蘇里江上不知埋葬了多少拓荒者！住在東岸的，日本間牒川島芳子，冒充我國留俄女學生，一九三二年被俄方發覺，却把這筆帳算在沿海省的中國人身上，把中國人當成「日本間諜」，數以萬計的被分批流放到堪察加無人地帶做苦工，活活的凍死、餓死在北極嚴寒的大冰原上！

四　蘇俄之侵略

蘇俄海權發跡遲於英國，而與中國接境，發生關係則較早。自彼得大帝時代起（一六八九——一七二五年），雖已積極發展海疆，無如地理環境很不理想。其領海分隔成四塊：北界北冰洋，西臨波羅的海，南瀕黑海，東望太平洋。因其政治重心偏在歐洲，故其初也，想從西南出海，但北海被英國控制，土耳其又掌握博斯普魯斯和達達尼爾兩海峽，英且據有地中海。西南既重重被阻，才轉向東來經營。恰巧英國打開了中國海疆大門，於是沿西北大陸而東漸太平洋。

遠在明成化十六年（一四八〇），俄帝伊凡三世滅了欽察汗國，脫離蒙古二百四十年的統治；宏治十二年（一四九九），開始侵入西伯利亞。伊凡四世在嘉靖二十六年（一五四七）繼續東進，崇禎十二年（一六三九），到達太平洋西岸鄂霍次克海，十七年（一六四四）抵達黑龍江；其時正當明清興亡之交，清亦無暇顧及其發展，俄沿西伯利亞荒漠東進，並不在意，猶以為報復蒙古之統治。而俄人稱為海軍之父的彼得大帝，認為「必須在黑龍江口太平洋岸建立根據地」。因之他在清康熙二十八年（一六八九）締結了中俄第一次尼布楚條約。從此中國失去了黑龍江上游及貝加爾湖以南，色楞格河以東、額爾古納河以西——約二十四萬方公里的土地。彼得雖未到達黑龍江口太平洋岸，卻爲此後繼續東侵鋪下了寬敞的大道。由於鴉片之戰（一八四二年）、英國輕易的敲開了中國之門，激起了帝俄積極在中國開「天窗」的野心。尼古拉一世任命木喇福岳夫爲西伯利亞總督（一八四七），又命海軍軍官尼伯爾斯克率艦隊探測黑龍江口，花了兩年偵察時間，發現了唯一的良港海參威，更增加了侵略黑龍江流域的野心。於是藉咸豐八年（一八五八）瑷琿條約中烏蘇里江以東至海「中俄共管」一詞，乘英法聯軍攻陷北京（一八六〇），佯做調人，索取報酬，訂立中俄北京續約，海參威不僅就此合法的斷送俄人，還加上圖們江口；更添上「常住卡倫」四字，種下西北邊疆無窮禍根。誠如俄國外交核心人物的財相威特對俄皇所說：「經濟侵略之所得，遠勝於武力壓迫之要求。」

中國感於一敗再敗之恥，同治元年（一八六二）籌設海軍。四年，成立上海製造局，自製槍炮；明年，又設馬尾船政局及海軍前後學堂，建設海軍。其時世界海軍國家僅有英、法、俄三國——德國在同治六年（一八六七）始由俾士麥成立協約艦隊；又六年、德皇威廉一世自建皇家海軍；美國內戰剛結束，尚未開始建軍；日本在光緒三年（一八七七）才開始建立海軍。甲午（一八九四年）中日戰爭前夕，中國海軍噸位居世界第四。

帝俄甚感不安，陰謀挑起中日海戰，坐收漁利。一面趕修西伯利亞鐵路（一八九一年），橫斷吉黑兩省——東清路而達海參威。會中日戰爭，中國戰敗，帝俄不得不會同德、法迫日退出遼東，表面討好中國，實則暗阻日本獨占朝鮮與我東北，而直接影響海參威。

俄對太平洋戰略形勢，僅憑海參威一港，猶不足構成優勢，乃強租我旅順、大連（一八九八年），以與海參威相呼應，以控制朝鮮半島，以鉗形據點、封鎖對馬海峽，而直接威脅日本；終於引發日俄之戰（一九〇四年），挐我關東作戰場。俄國戰敗，乃以朝鮮讓與日本；不幸旅大之租借權由日本繼承，而有「九一八」之事變，隨卽製造傀儡政權滿洲國，而掀起世界第二次大戰；更不幸雅爾達密約（一九四五年），牲犧我八年抗日血戰，而將勝利果實、轉給日俄戰敗讓與日本之領土及權益歸還剛參戰之蘇俄。

五　抗日侵略

侵華，是日本的國策。早在明萬曆年間，日相平秀吉以「唐人畏倭如虎。與其下謀：入中國北京者，用朝鮮人爲導；入浙閩沿海郡縣者，用唐人爲導。」（明史卷三二二日本列傳）二十年（一五九二），遂自釜山登陸，北陷漢城。明因朝鮮爲我藩屬，「抗日援朝」，血戰七年，其禍雖平，而元氣大傷，滿洲因而坐大，入主中國，康乾百餘年間，形強勢勝，日方歛其野心；道光（一八二一年）以後，西方列強東侵，日本境遇與我國同；但自明治維新（一八六八年），全國上下奮發圖強，國勢強盛，轉以我爲侵略對象，成爲我之大敵巨患。

既強奪我藩屬琉球、朝鮮，復割據我領土臺灣。又稱東三省爲「滿洲」，隱含不承認爲中國領土之惡意。

民國以來，我也太不爭氣，軍閥迭乘，內戰不息。歐洲列強，因第一次大戰無力東侵，日本趁機積極的侵略滿蒙。以爲中國不爲列強瓜分，卽應由日本獨占；卽使不便整個鯨吞，亦當分而治之。民初卽企圖建立「滿蒙王國」，脫離中國本土關係。日相田中義一更說「征服滿蒙是呑併中國的前奏」，這話更鼓勵了關東軍少壯軍佐的野心，除謀排除中國武力，暗殺了張作霖；繼而威脅利誘張學良不與南京國民政府妥協，懸掛青天白日滿地紅國旗。張氏不顧威脅，毅然於十七年十二月二十九日上午七時，通令奉天、吉林、黑龍江三省懸掛國旗，完成中國統一。

不幸，我政府內部黨派爭權，勇於私鬭。十八、九年，發生了空前的中原大戰。二十年五月，廣州又組織了國民政府與南京的國民政府對立。江西共黨更乘機擴大擾亂。就這樣，失去了建設國防的時空機會，給予日本加速侵略的步驟。而我已元氣大傷，無力抵抗，更助長了日本軍人的跋扈囂張，開始進行武力奪取，採取「騷擾北滿」，「領有滿蒙」「蒙古獨立」，「間島獨立」種種方案，製造種種禍亂。更於民國二十年七月一日在長春市北郊萬寶山之中韓農民開渠衝突中，激起朝鮮人的親日仇華。

那時日本外交是追隨軍部行動，軍部又取向關東軍的意旨。軍人一致鼓吹「滿蒙是日本

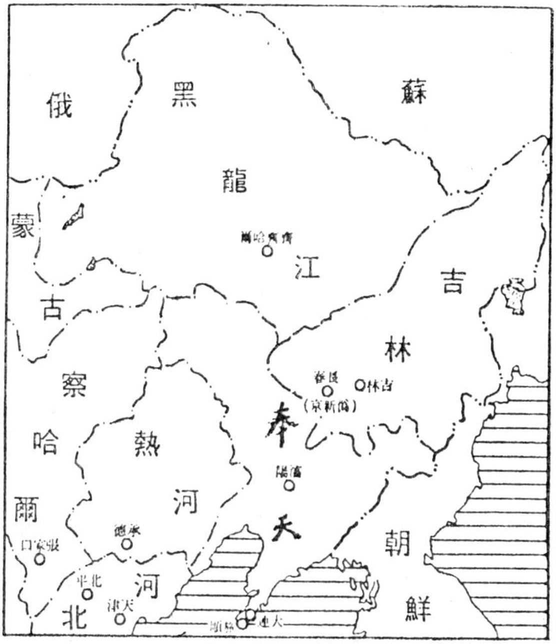

偽滿洲國轄區圖（採自吳相湘「第二次中日戰爭史」。下同）

生命線。」說是㈠日本人口增加和資源不足，㈡中國抵制日貨。

日本人口增加，中國的東北沒有消納日人的義務；資源不足，也沒有掠奪他國土地的權利；抵制日貨，是中國弱勢抵制侵略的消極訴求——也是國際常有的報復手段。至於日人聲稱維護在滿蒙的既得利益，那是硬把合法的和霸占的權益混在一起。

於是不顧國際公法，使用武力，發動「九一八」事變，強占我東北三省。明年，

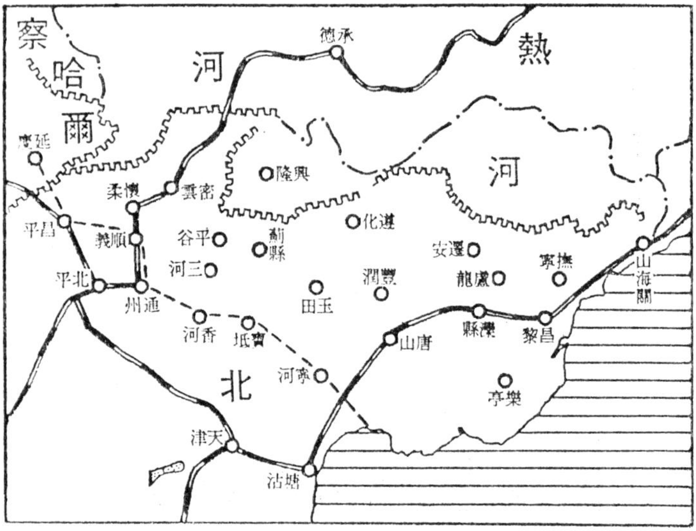

河北二十二縣淪爲戰區圖

又在上海發動「一二八」戰爭，脅制我國以轉移國際視聽，竟在東北製造第一個傀儡政權「滿洲國」，三月九日，擁清廢帝溥儀爲「執政」（二十三年三月稱帝），僞號「大同」，僞都長春。

我方內亂正熾，外抗無力，只好向國際聯盟提出控訴。國聯本身實亦虛弱，未能採取任何有力的制裁，僅組織一個調查團。我亦明知國聯之不足恃，但不能不表示信賴以緩和危局之時空——續圖振作，先安內，再攘外。

日本見國聯態度之軟弱，軍人更毫無忌憚，悍然續謀華北特殊化，攻擾河北，迫我屈服，承認僞滿。二十二年一月三日，打進山海關，奪取我熱河，進逼我平津。河北十九縣及二設治區遂淪爲戰區。五月，迫我簽訂城下之盟的「塘沽停戰協定」，始允撤至長城沿線（後並未完全撤去）。但撤退後不准我軍進駐，因之戰區遂成爲藏垢納污之藪。中國政權並未能在其區內充分行使；東北四省更隔在關外。

塘沽停戰協定，並未滿足日本侵華之野心。二十四年以後，又脅迫我承諾幾個協定，迫我中央的軍政勢力南撤，復立第二個傀儡政權「冀東防共自治委員會」；策動所謂「華北自治運動」。二十五年一月，僞滿與日軍侵奪察省東北五縣；內蒙成立僞「自治政府」。

二十六年，更掀起了舉世震驚的「七七」盧溝橋事變。我以和平絕望，到了犧牲最後關頭，雖然準備尚未完成，迫得奮起抵抗。乃確定持久抗戰，粉碎日本「速戰速決」陰謀，遷都重慶。停止了地方黨派的政爭，促進了團結一致抗戰。（外人客觀的看法：「中日戰爭，中國抗戰早了五年，日本却遲了五年。」）

日本除以軍隊向我進攻，後採取政治攻勢，以華制華，既在北平成立「臨時政府」（二十六年十二月），又在南京組織「維新政府」（二十七年三月），復合併爲南京「國民政府」。

二十八年九月，第二次世界大戰爆發，日與德、義同盟，號「軸心國」，與美、英、法對立。三十一年十二月七日，日又發動太平洋戰爭，偷襲美海軍基地珍珠港，向美、英宣戰。我亦於九日正式對日及德、義宣戰。中日戰爭遂爲世界大戰之一環，「九一八」爲其戰爭之前奏，「七七」則揭開戰爭之序幕也。

三十二年十一月廿三日，中、美、英「開羅會議」，宣布戰爭結束，東北四省及臺灣、澎湖歸還中國。先是（十月）、美迫俄簽署美、英、蘇、中四強宣言。而史太林不相信中國戰後會成爲強國，避不與會，而邱吉爾只顧本身利益，礙於羅斯福情面，勉強同意。所以不到幾天（二十八日），羅斯福和邱吉爾遷就史太林到伊朗「德黑蘭會議」，史太林答應在德國潰敗後，蘇俄將增加西伯利亞軍力，協同打擊日本。會議結果，三國同意在法國西部諾曼第和法國南部登陸，開闢歐洲第二戰場，減輕蘇俄的負擔。蘇俄參加對日戰爭的諾言，更鬆懈了英國水陸夾攻緬甸的意志，分化了美英及中美運用中國基地及人力的合作，嚴重打擊了中國戰場的價值。中美關係也從此逆轉。

更不幸的是一年半以後——民國三十四年二月十一日，美、英、俄三國在黑海克里米亞半島上的「雅爾達秘密協定」，有關中國部分：

一、外蒙古現狀（蒙古人民共和國）應予保持。

二、因日本在一九〇四年之侵攻而被攫奪之俄國原享權益將予恢復，其中包括（一）庫頁島……。（二）大連商業港應列為國際港，蘇俄在該海港內之特別權益將予保障。蘇俄並得租借旅順港為其海軍基地。（三）中東鐵路以及通往大連之南滿鐵路將由中國及蘇俄合組之機構共同經營。三國同意：蘇俄之特別權益應予保障，中國繼續保持在東北之完整主權。

這就是雅爾達秘密協定！它將開羅會議宣言所作中國領土主權完整的保證完全破壞無遺！而重要的關係人蔣介石主席並未得到任何通知。蘇俄乘機勒索尚可恕，英美遷就其要求、出賣我國之主權，背信失義爲不可恕也！

民國三十四年七月二十六日，中、美、英公布菠茨坦宣言，要求日本無條件投降。八月六日，美國在日本廣島投下第一枚原子彈；八日，又在長崎投下第二枚。九日黎明，俄軍始進入東三省。十日，日本宣布無條件投降。

我們抗戰眞的勝利了！百十年來受盡日人凌辱虐殺，重壓在心頭的積忿，一旦得以發洩，那能不歡喜若狂！

六　勝利之後

慘烈的抗戰因東北而起，勝利的果實卻又因東北而失去，是天意抑係人謀？

盟軍總部公告：中國戰區受降範圍爲中華民國、臺灣及越南北緯十六度以北地區。中國東北三省劃歸蘇俄受降。

俄軍在八月二十三日，占據了東三省全境。將日本關東軍五十九萬四千餘人全部俘到西伯利亞勞動。僞滿洲國依賴關東軍而生存，自然消滅，溥儀被拘押到俄國。重慶國民政府，忙於請求美國協助接收。東北方面：派親信之熊式輝爲東北行營主任（三十七年初，改任衞立煌）；張嘉璈爲行營經濟委員會主任委員；董彥平任軍事代表團團長；蔣經國爲東北外交特派員。十月十二日飛到長春。蘇俄阻撓接收。十一月十五日行營撤至山海關，其他人員撤回北平。張嘉璈沈痛的說：

我們猶如父母來探望分別了十四年的兒女，雖然只是看了一看就回去了，但已經足够表示我們骨肉相親的十四年關切眷戀的感情。（蘇俄據東北頁二七——三四）

蘇俄不讓國軍在大連和葫蘆島登陸；因他正在拆卸南滿及大連各地工業設備運往海參威；中共又正由熱河及山東半島進入東北。美艦運輸的國軍，只好改送秦皇島。十一月八日，決定全力從山海關循遼海走廊前進。到三十七年十一月初，這枝擁有美式新裝備的精銳三十餘萬人，突圍入關者不及萬人。

勝利之初，似乎很興奮的將僞滿洲國的十八省重劃省區，即以僞滿小省制爲基礎，不更改疆域，只就省與省區加以合併；除熱河仍舊、嫩江由原龍江省改置外，其餘均合併相鄰二省爲一省，卽併奉天、錦江爲遼寧；安東、通化爲安東；四平、興安爲遼北；吉林、間島爲吉林；濱江、牡丹江爲松江；三江、東安爲合江，北安、黑河爲黑龍江；興安東、興安西爲興安；加嫩江、是爲東北九省。這頗與宋金之於「燕雲十六州」甚相似。而又兼似南明之忙於「徵歌選舞」。所幸臺灣光復，保得棲身之所。

自唐末以來，影響中國政局之大，似無過於關東者。

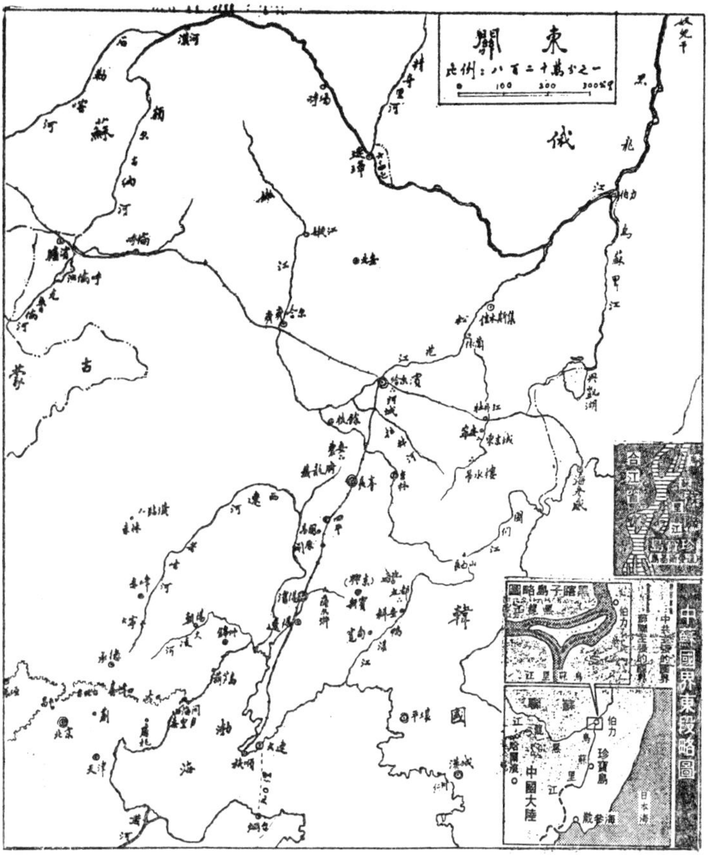
關東
比例：八百二十萬分之一
0 100 200 300公里
俄
蘇
蒙古
韓國
渤海
哈爾濱
長春
瀋陽
大連
北京
天津
平壤
伯力
興凱湖
黑龍江
烏蘇里江
圖們江
中蘇國界東段略圖
黑瞎子島略圖
黑龍江
烏蘇里江
伯力
中共主張的國界
蘇聯主張的國界
蘇聯
黑龍江
烏蘇里江
珍寶島
海參崴
日本海
中國大陸
哈爾濱
珍寶島
合江省

本書著者其他出版著作

思齊集	香港人生出版社
	台灣學生書局再版
國學概要	香港人生出版社
敝帚集	香港天泉出版社
禹貢釋地	台灣商務印書館
中國歷史地理論文第一輯	台灣世界書局
括地志新輯	台灣世界書局
中國歷史地理（上下册）	台灣學生書局
中國歷史地理提要	台灣學生書局
水經注漢侯國輯釋	中國文化大學

漢王國與侯國之演變	國立編譯館
廣西備乘	國立編譯館
史記本紀地理圖考	國立編譯館
地志識略	國立編譯館
太平寰宇記索引	台灣文海書局

國立中央圖書館出版品預行編目資料

中國歷史地理通論/王恢著.--初版.--臺北市；臺灣學生，民 80

11,160 面；21 公分，圖五幅.

ISBN 957-15-0207-3 (精裝). --ISBN 957-15-0208-1 (平裝)

1. 中國-歷史地理

669.1　　80000531

中國歷史地理通論（全一册）

著作者：王恢
出版者：臺灣學生書局
發行人：丁文治
發行所：臺灣學生書局
台北市和平東路一段一九八號
郵政劃撥帳號〇〇〇二四六六八號
電話：三六三四一五六
FAX：三六三六三三四
本書局登記證字號：行政院新聞局局版臺業字第一一〇〇號
印刷所：淵明印刷廠
地址：永和市成功路一段43巷五號
電話：九二八七一四五
香港總經銷：藝文圖書公司
地址：九龍偉業街九十九號連順大厦五字樓及七字樓
電話：七九五九五九五
定價 精裝新臺幣
平裝新臺幣
中華民國八十年三月初版

66903

ISBN 957-15-0207-3 (精裝)
ISBN 957-15-0208-1 (平裝)